哲学的宣言

——马克思《黑格尔法哲学批判·导言》如是读

陈培永◎著

SPM 南方传媒 | 广东人民出版社
·广州·

图书在版编目（CIP）数据

哲学的宣言：马克思《黑格尔法哲学批判·导言》如是读 / 陈培永著. —广州：广东人民出版社，2016. 6（2022. 12 重印）
（经典悦读系列丛书）
ISBN 978-7-218-10841-4

Ⅰ. ①哲… Ⅱ. ①陈… Ⅲ. ①《黑格尔法哲学批判》—马克思著作研究 Ⅳ. ①A811. 22

中国版本图书馆 CIP 数据核字（2016）第 091388 号

ZHEXUE DE XUANYAN——MAKESI《HEIGE'ER FAZHEXUE PIPAN·DAOYAN》RUSHI DU
哲学的宣言——马克思《黑格尔法哲学批判·导言》如是读
陈培永 著

出 版 人：肖风华

出版统筹：卢雪华
选题策划：卢家明 曾玉寒
责任编辑：曾玉寒 廖智聪
封面设计：李桢涛
插画绘图：李新慧
责任技编：吴彦斌 周星奎

出版发行：广东人民出版社
地　　址：广州市越秀区大沙头四马路 10 号（邮政编码：510199）
电　　话：（020）85716809（总编室）
传　　真：（020）83289585
网　　址：http：//www. gdpph. com
印　　刷：广州市豪威彩色印务有限公司
开　　本：787 毫米×1092 毫米 1/32
印　　张：3. 625　　字　　数：75 千
版　　次：2016 年 6 月第 1 版
印　　次：2022 年 12 月第 6 次印刷
定　　价：20. 00 元

如发现印装质量问题，影响阅读，请与出版社（020-85716849）联系调换。
售书热线：020-87716172

目录

导言　哲学有何用

有人说，想侮辱一个哲学家，可以问他两个问题，第一个问题，什么是哲学？第二个问题，哲学到底有什么用？

我不是哲学家，顶多是一个哲学工作者，也曾直面过这种“侮辱”。当时刚读博士，坐火车回老家，尽管环境嘈杂，我还是饶有趣味地看着书。旁边一人好奇，凑过来问，看的什么书？我诚实回答，哲学方面的书。他马上来了一句：你看这书有什么用？

这简单一问，给我带来了不算短的一段时间的困惑。后来，我曾多次在讲课时描述过这个场景，有一次还开玩笑地说：从此以后，我在公开场合看哲学书的时候，总是偷偷摸摸，藏着掖着，因为我怕别人看见了问我读它有什么用，我无言以对！

如今，如果谁再问我有什么用，我就会告诉

他，无用之用，方为大用。

总觉得很有用的，其实它的用处是有限的，反倒是那些总觉得没有用的，可能才真正有大用。哲学就是无用之大用的学问。我们没有意识到哲学有用，有大用，可能只是因为还没有达到一定的高度。

如此高深的学问，并不是那么容易就能窥其堂奥，这就是很多伟人提倡学哲学而我们总是领略不到其深意的原因，也可能就是他们能成为伟人而我们不能成为他们的原因之所在。

大凡在历史上留下英名的人，往往是那些极早就意识到哲学有用、思想有用的人！马克思无疑是最为典型的代表，年仅25岁的他写就的《〈黑格尔法哲学批判〉导言》（以下简称《导言》），可以让我们看到他如何理解哲学的价值，又如何发挥哲学的大用。

那些看不到哲学之大用，不理解马克思之伟大的人，应该好好读读这篇短小的《导言》。马克思正是从这里开始了他的哲学事业，他将宗教神学拉下神坛，与抽象思辨哲学分道扬镳，将自己的哲学与现实牢牢对接在一起，赋予了它实现人的解放的

无用之大用

终极使命，实现了哲学的根本变革，并最终影响了世界尤其是中国的进程。

《导言》是一篇哲学的宣言，它能让我们见证哲学的魅力。我们可以看到，马克思自登上哲学的舞台伊始，就是一个道道地地的政治哲学家，一个立足现实又力求超越引领现实、一个立足哲学又力图将哲学化为实践的哲学家。

马克思的哲学是改变世界进程的哲学，一种完美展现哲学力量的哲学，这对于我们理解哲学的价值，看待哲学的使命，建构符合当代中国现实的马克思主义哲学，意义不可谓不重大。

☞经典地位

《导言》写于1843年10月至12月期间，形式上作为之前完成的《黑格尔法哲学批判》手稿的“导言”，实际上却自成体系，与之关联性并不算多紧密。马克思从揭示宗教的社会根源和本质出发，批判了当时德国的政治制度与现实社会，以及以黑格尔为代表的国家哲学和法哲学，论述了无产阶级和哲学的关系，首次阐明了无产阶级的历史使命，留下了很多令人叫绝的名言名句。

该文在《马克思恩格斯文集》《马克思恩格斯选集》中都是作为开篇之作，是一篇集思想性、严谨性、艺术性、战斗性等特质于一体的佳作，在马克思主义发展史上具有十分重要的地位。列宁认为，这篇《导言》和同时发表在《德法年鉴》上的《论犹太人问题》一文，标志着马克思从唯心主义向唯物主义、从革命民主主义向共产主义转变的“彻底完成”。英国著名马克思思想研究专家麦克莱伦（David Mclellan）在《马克思传》中甚至将其与《共产党宣言》相提并论，认为“导言形成了宣言，其敏锐性和独断性使人想起1848年的《共产党宣言》”。

一、宗教的祛魅

宗教里的苦难既是现实的苦难的表现，又是对这种现实的苦难的抗议。宗教是被压迫生灵的叹息，是无情世界的情感，正像它是无精神活力的制度的精神一样。宗教是人民的鸦片。

1

马克思的哲学始于对宗教的批判。早在青少年时期，他就开始关注到哲学与宗教的关系，并在17岁那年留下了关于宗教的最早文献。那是1835年，马克思中学毕业，他写了三篇作文，其中一篇就是宗教作文，主要论述信徒同基督结合为一体的原因和实质，以及这种结合的绝对必要性和作用。

少年马克思写道，只有基督才能够拯救我们，同基督结合为一体是绝对必要的。离开基督，我们就不能达到自己的目的，离开基督，我们就会被上帝所抛弃。与基督结合为一体，能使人在苦难中得到安慰，使人的内心高尚，使人得到一种快乐。这种快乐会让生活变得更加美好和崇高，它是伊壁鸠鲁主义者在其肤浅哲学中，是比较深刻的思想家在其知识的深处所不能获得的。

在当时的马克思的心目中，宗教的地位显然要高于哲学，哲学被认为是次要的，因宗教信仰而产生的快乐要高于哲学思索的快乐。古希腊哲学家伊壁鸠鲁作为典型被马克思提到，正是因为他是坚决反对崇拜和迷信神的代表。他认为快乐是幸福生活的目的，是善的唯一标准，人应该通过哲学认识自然和人生，从痛苦和恐惧中走出来，求得快乐。

涉世未深的马克思，在当时不可能形成成熟的宗教观。没过几年，伊壁鸠鲁成为马克思高度推崇的哲学家，这反映在1840年他写的《博士论文》的序言里。马克思提到了哲学与神学的较量，开始强调哲学的重要性，指出把哲学带上宗教法庭的立场，无需任何论证就是错误的。他谈到：

只要哲学还有一滴血在自己那颗要征服世界的、绝对自由的心脏里跳动着，它就将永远用伊壁鸠鲁的话向它的反对者宣称："渎神的并不是那抛弃众人所崇拜的众神的人，而是把众人的意见强加于众神的人。"

哲学应该享有最高的权威，它不能经受任何的侮辱。哲学反映的是一种绝对自由的意志，是征服世界的心脏，它绝不能受宗教所支配，不会去寻求绝对的"神"。马克思满怀激情地指出：哲学自己的自白，哲学自己的格言，就是"总而言之，我痛恨所有的神"。哲学高扬人的自我意识，而不是人之外的天上的和地上的神，哲学就是要在世俗领域追寻与呵护自由，寻求人的救赎和解放。

马克思把哲学与宗教对立起来，就是要彰显出人的意志，人自己的能量，反对宗教对人的自我意识的贬低，对人的自由意志的压制。如果说宗教注重依靠神的力量来救赎人，哲学则要依靠人自己的力量，实现人对自我的救赎。

对马克思而言，可能会有某种神秘的力量，无法说清的力量，但人类社会由人不由神，不由天。必须从宗教中走出来，依靠哲学的力量，依靠人的理性的力量，实现对人的社会的认知。

直到今天，哲学与宗教的关系，还是仁者见仁，智者见智。有人的看法是，宗教也是哲学，是哲学的一种表达形式，不能把宗教从哲学中抛开去谈。有人的结论是，哲学的最终归宿是宗教，当理性无法解决自己困惑的时候，就需要信仰，宗教提供的恰恰是信仰。

宗教在一定意义上说确实是一种哲学，两者都包含着深邃的关于自然、社会、人生的道理，有一些共通的方面。但它与哲学有着根本差异，它强调信仰大于理性，神的意志高于人的意志，而哲学强调的是理性大于信仰，人拥有足够智慧把握自己所生活的世界。

当然，不能因此就把哲学与理性等同，把宗教与信仰等同。认定哲学的归宿是宗教，信仰只有宗教一种形式，忘记了真正的信仰应该建立在有理性有智慧的人的基础之上。一群很傻很天真的人注定不可能有真正的信仰，往往他们谈的是信仰，实际上是愚昧。

如果一种所谓的宗教不让人怀疑，不让人理性思考，反而束缚人的觉醒，那它就不配作为真正的信仰。哲学完全可以催生人的理性，激发人的追问和反思，在此基础上形成真正的信仰，区别于宗教信仰形式的信仰。

现代社会流行一种逻辑，看到信仰缺失，就想到要重建信仰，然后就推出宗教是个好东西，这种逻辑本身是立不住脚的。

宗教并不像一些人想象的总是那么好，它可能会被利用而扮演不光彩的角色。在西方历史上，那些造成大规模死亡的事件很多与宗教有千丝万缕的关系，在今天的世界，有些宗教势力更是打着信仰的旗号、在圣战的名义下干着杀戮的勾当。

2

在马克思生活的德国，宗教成了专制政治的辩护工具，给其戴上了神圣光环，严重阻碍了社会发展的进程。马克思看到，宗教批判是其他一切批判的前提，要推动历史进步，不使宗教去神圣化，一切都是免谈。

给宗教祛魅，其实并不难。只要宣布，是人创造了宗教，而不是宗教创造人，就够了。世界上本无宗教，有了人，才有了宗教。人让宗教出现，但宗教一旦出现，再让它消失，没那么容易。它从人的头脑中生成，却在其中打上了深深的烙印，它开始支配人的观念，支配人的头脑。

我们会渐渐地以为，神是神奇的，它是伟大的，它可以创造万物，可以带来一切，它甚至可以创造人。逻辑颠倒了过来，神说，要有一切，就创造了天地，创造了阳光和星星，创造了空气、土地和大海，创造了植物和动物，创造了亚当和夏娃，总之是神创造了一切。

宗教批判要打破这种观念，它颠覆性地说出，宗教只是人的自我意识和自我感觉。人在宗教中能找到的只能是他自身的反映，一切都是人们自己所想象出来的。正像中国的神是中国人，只会说汉语，国外的神是“老外”，也只会说英语或其他语言。

我们说疑“神”疑“鬼”，当你以为它无处不在，与你形影不离的时候，以为不能摆脱它的时候，只要你对自己说，它并不存在，一切就都结束了。这当然是很多恐怖电影中的情节。

当人对神顶礼膜拜，求它保佑的时候，他所求的只是自己想象出来的“超人”。本来只有自然界和我们人自己，我们所创造出来的“神人”“超人”“蜘蛛侠”等诸如此类的“存在物”，只是我们自己的想象，是我们励志假想的工具。

漫长的人类社会，我们就是认识不到这一点，或者我们明明认识到这一点，却心甘情愿地相信它。尤其是当人们饱受生活折磨，历经风雨之时，我们会更加渴望上天庇佑，渴望神能显灵。

有的时候，我们不敢说神并不存在，因为不信神是一种犯罪，别忘了伟大的哲学家苏格拉底是怎么死的，他的罪状其中之一就是不信神。很多时候，明明是皇帝的新衣，人人心知肚明，但就是不能捅破，这就是人自己给自己设计的囚笼。

哲学所进行的宗教批判，就是要破除宗教的魔法，将人从宗教束缚中解放出来，激发出人的理性，让人理性地去看待他所生活的世界，而不是没有任何质疑地以完全信奉的立场去看世界，它让人们醒悟，不能在天国的“幻想现实性”中寻找超人，也不能从宗教中寻找他自身的反映，自身的假象，寻找“非人”，他必须回到“真正现实性”中来。

自己想象的超人

人为什么会创造宗教？为什么离不开宗教？因为人的本质不具有真正的现实性。人的本质与存在是不统一的，本质是整全、完美、极善的，现实的存在可能是残缺、不足、邪恶的，本质很难在现实性中真正体现出来。

人还不是真正的人，人还没有获得自身，反而是丧失了自身。人是异化的，在现实生活中没有成为真正自由的人，没有获得他想要的公平正义，所以他会寻求一种精神慰藉，设想完美的人，完美的公平正义，最美好的社会，最理想的世界。

宗教提供了很好的机会，让人的本质在幻想中实现。人们也很乐意把自然的力量超自然化，把不理想的社会理想化，利用超自然化的、超理想化的宗教寻找救赎的力量，实现人自身的完满，让自己生活在完人的想象中。

所以，宗教批判归根结底还是回到人本身，回到人的社会本身。人不是孤立的抽象的人，不是生活在真空中，不是蛰居于世界之外，他生活在特定的时代、特定的国家、特定的社会之中。

宗教不是在人的大脑中凭空出现，它是在特定社会背景下产生的。所以，正是这个国家、这个社会产生了宗教。这个国家、这个社会是有问题的，它有灾难，它有剥削，它有让人无力改变的状况，人们只能无奈地建构一种“幻想现实性”，来回避“真正现实性”。

人们会把宗教的世界理解为真正的世界，现实的人直接在其中生活的世界反倒不是真实的，自我想象出来的、自我意识出来的、自我感觉出来的天国世界反倒更为真实，成为人所信奉的东西。

人和自己的创造物之间的关系颠倒了，真实的不如意的世俗世界消退了，幻想的、完满的神圣世界出现了。不完满的世界换来了完美的世界。所以宗教是一种颠倒的世界意识，但它也同时表明，世界本身还是颠倒的世界。

颠倒的世界利用颠倒的世界意识，让人以为这个世界不是颠倒的，而是完美的。人们在宗教中，忘了这个世界的一切问题，忘了这个世界本身的不如意，忘记了世界本身是颠倒的世界。

3

宗教是特定时代、特定社会背景下的产物，它的产生和存在一定有它的道理。马克思不仅没有将宗教批得一无是处，而且还充满感情色彩地高度评价了宗教的功能，他有很精彩的一段话：

宗教是这个世界的总理论，是它的包罗万象的纲要，它的具有通俗形式的逻辑，它的唯灵论的荣誉问题［Point－d'honneur］，它的狂热，它的道德约束，它的庄严补充，它借以求得慰藉和辩护的总根据。

宗教提供了关于世界的总理论，看待世界的观点和方法。它包罗万象，将万人万事万物统一起来，进行了全面的诠释。你看不清世界，看不懂缘由，宗教会提供一种版本，让你不至于一无所知，不至于呆若木鸡。所以，我们不必惊讶于很多宗教典籍的视野开阔、知识渊博，也不必感叹于很多科学无法解释的事情宗教给予了解释。

宗教还提供了一个精神世界，一种价值观，一种道德规范。它赋予了世界以精神的维度，给其补充了庄严的价值，让人追求精神上的荣誉，让人为内心深处的信仰而活，让人产生敬畏而不至于轻浮，不至于天不怕地不怕，随意践踏世间的规则。它劝人向善，不作恶，劝人爱这个社会，不去危害国家，劝人关爱他人，不去伤害他人。所以，我们会看到信教之人的信仰忠诚、精神饱满、品行高尚甚至境界高远。

宗教还能给人一种慰藉，一种温情，一种寄托。当人们面对极度不敢相信的事情时，他们会寻求“神助”，会自然不自然地发出“天哪”“上帝呀”“我的神啊”等等的感叹。它让人在不满意的社会状态下，在不顺意的人生历程中，在遭受苦难的环境里，求得精神上的解脱，灵魂的救赎，心理的安宁，成为精神上的贵族。所以，有些人面对空虚、孤独、失意、落魄、妒忌、暴虐、残忍等负面情绪侵扰时，会选择参与宗教活动或宗教仪式，以抚慰自己的内心。

宗教的故事里有天堂，有地狱，有幸福，有苦难。天堂的幸福和地狱的苦难，正是人们现实生活的幸福和苦难的夸张表现。人们借助于宗教来描述现实的苦难，表达对现实的不满，表达自己的抗议，追求生活的幸福。

宗教因此能给冷冰冰的世界以情感，给死气沉沉的制度以精神，它安慰遭受现实苦难的人们，让他们在幻想的幸福中缓解现实中的苦痛，在令人窒息的社会环境下获得温情。所以，马克思说，宗教是人们对“现实的苦难的抗议”，是“被压迫生灵的叹息”，是“无情世界的情感”，是“人民的鸦片”。

起到如此作用的宗教，马克思为什么还要批判？原因不止一个，最重要的原因是宗教承担政治功能，不为好政治制度服务，而为坏政治制度服务，成为束缚人、压制人的专制政治的工具，这是马克思最不能忍受的。比如德国宗教改革后的新教，虽然使德国官方不再作为罗马教廷忠顺的奴仆，正确地提出了从宗教束缚中解放出来的问题，但新教教会却又成为普鲁士王权政府的国教。

宗教改革战胜了虔信造成的奴役制，破除了对权威的盲目信仰，使僧侣的头脑获得了解放，但它要求世俗人必须遵守国教，实际上恢复了宗教信仰的权威，给所有人的心灵套上了锁链，导致了“人人皆为僧侣”。

宗教要人们相信现有的政权是“神的旨意”，是“奉天承运”，现有的社会是最好的、最民主的、最公平的。所有的苦难，所有的罪恶，所有的残缺都不是制度使然，都是天命难违，都是必然现象，一部分人的命苦，不能怪国家，不能怪政府，不能怪他人，要怪就怪命，就怪你自己，是其中的逻辑。

无论有多少人受苦，政治的合法性还是不能动摇的，一旦政治获得了这种合法性资源，对它的批判注定都是无力的。宗教因此用一种幻象遮蔽了人们对世界的理性判断，它掩盖了尘世苦难，阻碍着人们对社会罪恶的认知和涤除，尤其是它会以一种来生得救的说法，让人放弃争取现实幸福的努力。

必须使宗教祛魅化，也就是使专制的政治制度声誉扫地，使人们认识到尘世的苦难，敢于直面这种苦难，积极行动寻求自己的解放。宗教本身不能改变现实的苦难，不能带来现实的幸福。宗教承诺给人幸福，只是一种精神上的满足，它是虚幻的太阳，只能让人沉浸在虚幻的阳光普照中。

必须让人从吸食宗教鸦片中清醒过来，让人们意识到不断使用宗教鸦片来止痛，沉浸在吸食宗教鸦片的兴奋中，只能让人暂时忘掉身上的伤痛，而不会真正地治愈，反而可能会影响病情的及时治疗。对宗教鸦片的使用是要适可而止的，一旦上瘾了，病没治好，新的危险反倒来了。

批判宗教，不是批判宗教本身的功能，而是批判人们一味贪图从宗教中获得解脱，而不敢去正视现实。因为宗教所承诺的幸福，在现实中是不可能真正完成的，只有真正的哲学才可以。

马克思相信哲学可以完成宗教所许诺的幸福要求，可以弥补宗教的缺陷。人们可以依靠关注现实的哲学，靠哲学的自我启示，在改变现实的世界中真正地改变人的命运，获得真正的人的自由和幸福。

4

哲学从批判宗教出发，就是要在摧毁天国的幻想现实性之后，引导人们回到真正现实性的地方。只有通过宗教批判，才能恢复人的理性思考的能力，让人不抱幻想，作为理智的人来思考，去行动，认清真实的处境，追求现实的幸福，找到解决自己问题的路径。

人应该自己掌控自己的命运，而不是依靠幻想，依靠想象，建构一种环境，来想象自己的命运，来救赎自己。从马克思这里，我们可能会更容易明白《国际歌》中那句词的意义：从来就没有什么救世主，也不靠神仙皇帝，要创造人类的幸福，全靠我们自己。

宗教批判只是前提，哲学还要进行其他的批判。宗教只是附属的现象，依赖于社会经济环境，不值得进行独立批判。宗教只是表现，不是根源。马克思深刻地明白，并不是宗教给人带来苦难，消除了宗教就能够消除苦难。苦难是现实的国家、现实的制度、现实的社会产生的，宗教只是苦难的表现，不找到根，只去剪掉树叶不管用，因为树叶还会再次长出，还会重新枝繁叶茂。

对宗教的废除或抛弃，光靠喊一声“谁都不要信了”，或者光靠呼吁擦亮你的眼睛，看个真真切切，或者从制度上主张不得建教堂寺庙，任何人都不得信教，是不够的，是不可能真正实现宗教的批判和废除的。这些方法可以很容易地消除僧侣的圣殿、仪式，却不是那么容易消除僧侣产生的社会根源，消除扎根于心的僧侣本性。

问题归根结底不在于反对宗教，而在于反对产生宗教的世界，去批判产生宗教的现实的国家和社会。宗教只是“颠倒的世界”产生的“颠倒的世界意识”，只去批判“颠倒的世界意识”，不去批判“颠倒的世界”本身，哲学就不是完整的。

恐惧
诬陷
疾病
仇恨
耻辱
谎言
敲诈
欺骗
罪恶
宗教只是苦难的表现，不找到根，
只去剪掉树叶不管用，因为树叶还会
再次长出，还会重新枝繁叶茂。
现实社会

宗教的苹果树

在宗教批判结束的时候，哲学要增加新的功能，走向世俗领域，走向现实的国家、社会。下一阶段的哲学必须出场：

真理的彼岸世界消逝以后，历史的任务就是确立此岸世界的真理。人的自我异化的神圣形象被揭穿以后，揭露具有非神圣形象的自我异化，就成了为历史服务的哲学的迫切任务。于是，对天国的批判变成对尘世的批判，对宗教的批判变成对法的批判，对神学的批判变成对政治的批判。

宗教批判已经结束了，现在应该从天国回到人间了。哲学的宗教批判关乎彼岸世界的真理，承担的使命是使人摆脱外在神圣力量束缚，新的哲学批判则要关乎此岸世界的真理，承担使人在世俗领域寻求自由的使命。

哲学不能只在神圣王国里打转，必须回到现实世界，进行现实社会的批判，马克思要告别宗教批判，开始新的政治经济批判。对宗教的批判根本不是目的，不是他的哲学的历史任务。马克思的哲学只有在“对尘世的”“对法的”“对政治的”批判中，在新的任务、新的领域中才能实现本身的突破。

☞当代回响

宗教还是人民的鸦片吗?

在一次跟宗教界人士讲课时，为了更快地进入氛围，我故意抛出了马克思的话，宗教是人民的鸦片。台下听众的注意力果然马上被吸引了过来，我一看，又重复了一遍，马克思真的说过，宗教是人民的鸦片。

之所以重复，是因为我知道，这句简单的话，一定会引起大家的兴趣。这是马克思传播最广的关于宗教的名言，也是在我国社会各界引起争议最大的名言。它引发了多少次的冲击波，吸引了多少人去分析，给多少人带来心理的纠结，恐怕已经没办法去统计了。

如何理解这句话，不仅仅是一个学术争论的理论问题，还是一个思想领域的现实问题，关系到作为指导思想的马克思主义与宗教是否水火不容，关系到如何看作为传统文化组成部分的宗教的问题，甚至关系到政治层面如何正确地制定、实施宗教政策的问题。

我们必须回应，今天还能说宗教是人民的鸦片吗？或者我们在今天该如何看宗教是人民的鸦片？

我们对鸦片确实没有多少好感，一提到鸦片，就想到了鸦片战争给中国带来的屈辱，想到了那些躺在大烟馆里慵懒抽烟的人，那些欲罢不能不惜卖儿卖女换钱买烟的烟鬼。马克思用鸦片来说宗教，那宗教简直就该被恨之入骨了。

很多话，不能仅仅从字面上来理解，而是要挖掘它的具体语境、历史背景、实质内涵，这句话更需要如此看待。我们不知道，鸦片在当时有很好的功效，它并不仅仅是让人上瘾、消磨斗志的东西，还可以起到麻醉、止痛的作用。说宗教是人民的鸦片，绝对不是说，宗教就是欺骗人的，让人迷幻无意识，让人成瘾而不能自拔。

鸦片有时候也是好东西，它虽然不能治病救人，但能让疼痛难忍的人缓解疼痛，让无法摆脱内心纠缠的人获得暂时的兴奋，得到片刻的温柔。只不过，那种痛苦的解除只是幻觉，实际上并没有真正解决，如果只靠不断抽鸦片来获得快乐，只能是自欺欺人。鸦片如果用久了，它就会起到副作用，就会渐渐地让人忽视现实问题，不去寻求改变现实的问题，最终使自己与社会脱节，与世隔绝。

现在很多人一提到宗教，一提到有些人信教，就觉得是高大上的东西，就自然或不自然地说出“有信仰真好”。也有一些人，把宗教等同为信仰，似乎中国今天的许多道德败坏、信仰危机、诚信缺失的现象与中国人没有宗教信仰有密切关系。一些人似乎看不到宗教的负面作用，一味地在那儿鼓吹要有信仰，要多看些宗教方面的书，要多上山多进寺庙去参拜。

马克思主义承认宗教存在的价值，宗教是特定时代的产物，在不同的时代有不同的功能，它确实在今天的社会扮演着不可或缺的角色，使一些人获得了心灵的净化、精神的安慰、价值的塑造。

但我们也要看到宗教的不足，它承担政治功能，沦为某种力量或某些人实现政治目的的工具，一些宗教的变形直接衍生出邪教、恐怖组织、极端组织，操控人的思想，摧残人的肉体，严重影响社会的和谐稳定。

它让一些人选择回避现实，越来越与社会脱

节，越来越与他人疏远，沉浸在自己所勾勒的理想世界里。

它扼杀人的理性判断能力，让人盲目瞎信，缺少怀疑精神，一些人之所以信鬼神，还是与宗教遗留下来的那些神秘形式有关的。这都是值得警醒的。

还有人认为马克思主义和宗教是冲突的，是水火不容的，一个以唯物主义著称的思想怎么能和一个唯心主义的东西实现融合呢？有人更是错误地认为，正是我们所坚持进行的唯物主义教育，导致中国人不信宗教而没有了信仰。

马克思主义和宗教学说是不同进路的思想体系，两者本身并不是天然对立的。马克思主义致力于解决的是人类社会现实发展的问题，宗教往往承担的是现实之人内心世界、精神层面的调整问题。不能以唯物主义的名义来人为地、武断地否定宗教的作用。

一个关涉社会现实的判断和认知以及美好社会的创造，一个关涉个人的内心世界的抚慰，两者都有其存在的价值。用好了，都可以作为服务于人类社会的思想体系。用不好，马克思主义可能会成为僵化的思想体系，成为攻击其他思想的工具，宗教也可能会成为欺骗民众的工具，成为捍卫专制制度或发动暴力杀戮的工具。

路归路，桥归桥。应该让宗教停留在个体的层面，发挥它该发挥的功能，宗教没有能力解决一切问题，它只能解决某些信徒的信仰问题，不能解决所有人的信仰问题，也不能解决人类社会发展的根本性难题。

不能把它扩展到人类社会的所有领域，尤其是要杜绝宗教与政治的联姻，拒绝宗教承担政治的功能。否则，宗教就不是信仰的问题，而变成政治的问题，势必带来巨大的社会冲突。

治本之策在于现实社会的改造，不能为了治标而丢了治本的武器。要解决现实社会的发展问题，还是靠马克思主义，靠历史唯物主义，进行改革创新，积极进取。只相信宗教的信仰作用，不相信马克思主义改变人类社会的作用，就会失去对马克思主义的信仰，就会失去与宗教信仰不同的社会信仰。

马克思主义要成为社会信仰，就必须充分发挥改造现实社会的作用。只有它展示出解释世界、改变世界的力量，人们对它的信仰才能真正建立起来。

二、现实的关照

正像古代各民族是在想象中、在神话中经历了自己的史前时期一样，我们德国人在思想中、在哲学中经历了自己的未来的历史。我们是当代的哲学同时代人，而不是当代的历史同时代人。德国的哲学是德国历史在观念上的延续。

1

哲学必须直面现实，在批判现实中实现自身的价值。有些人一想到哲学，就认为与现实没有多大关联，就是高深莫测，玄之又玄，绕来绕去，摸不着北。所以我总是开玩笑地说，讲哲学课，就是把大家拉到天国逛一圈，然后再回到日常生活中来。

哲学给人以如此印象，是与哲学的抽象性、思辨性分不开的。马克思的哲学著作，尽管在很多人读起来也是如此，但其实际上很贴近物质利益、日常生活，与我们的社会息息相关。

马克思反对纯粹的思辨，反对搞文字的游戏，反对在那儿胡乱冥思苦想，只是我们没有真正地搞清楚他的深刻用意。一旦走进马克思的文本，一旦读懂马克思，你就会理解他对现实社会的高见。

马克思的哲学始终与现实保持着亲密接触，在现实中思索哲学，在哲学中关照现实。犹太裔德国哲学家洛维特（Karl Lowith）说得有道理：

世界由于黑格尔而变成为哲学的世界，变成为绝对精神运动的王国，而哲学由于马克思而变成世俗的哲学，变成为改造物质现实的马克思主义。

哲学要面对现实，但现实并不是就在那里，你说面对现实，现实就走出来让你去面对吗？就如我们常说一切从实际出发，你真的搞清楚什么是实际了吗？现实是完整的，但又是支离破碎的，我们能看到的往往是支离破碎的，又有多少人能够看到完整的现实？

而且，现实总要通过一定的社会意识形态呈现出来，完整的现实只能通过规律性的认识来把握，

不完整的现实

或者以客观规律的形式来出现在我们面前。你没有透过现象抓住本质，抓住客观事实背后的规律，也就把握不住所谓的现实。

哲学要面对两种现实，一种是“客观的现实”或“实在的现实”，没有主观加工过的、活生生的就在那里的东西，一种则是“主观的现实”或“理论的现实”，是已经经过加工的有规律性的东西。

理论的现实来源于客观的现实，是客观的现实的产物，要理解理论的现实，就必须回到客观的现实中。但理论的现实形成之后，就有可能会代替客观的现实，成为我们以为的真正的现实，这是理论的现实遮蔽了客观的现实的结果。

尤其是当理论的现实更加美好，客观的现实千疮百孔的时候，我们会宁可相信理论的现实，而不去相信客观的现实。正如我们宁可相信丰满的理想，也不去相信骨感的现实，我们宁可相信美轮美奂的海市蜃楼，也不去相信或不愿意相信真实的荒漠。有时候，真实的东西反倒让人无法接受，虽然它是现实，它是实际，但我们不会去相信。

马克思的哲学探讨，把德国的现实看成原本，把德国的国家哲学和法哲学看作副本，强调通过联系副本来进行，实际上就是要回应两种现实：一种就是德国的政治制度、德国的社会状况，一种就是德国的国家哲学和法哲学，也就是抽象的思辨哲学。前者表现为客观的现实，后者就是主观的现实或理论的现实。

两种现实并不一致。客观的现实是落后的，德国的政治制度没有经过革命的洗礼，还保留着王权、专制，以英法为代表的经过资产阶级革命的国家，其制度代表着历史发展的先进水平。德国制度已经远远落后于法国、英国了，在法国和英国行将完结的事物，在德国才刚刚开始。按照马克思的分析，德国政治制度还停留在“古代水准”，英法等国则已经是“当代历史”的代言人。

但是，德国这个哲学的国度在国家哲学和法哲学方面发展迅猛，远远超越于德国的现状，超越于德国客观的现实，与当代现实保持在同等水平上，造成了德国人是“当代的哲学同时代人”，而不是“当代的历史同时代人”。

德国发展如果顺应历史趋势，就必然通往德国哲学所描绘的图景，就此而言，德国的哲学就是德国历史在观念上的延续。所以马克思认为，正像古代各民族在想象中、在神话中经历了自己的史前时期一样，德国人在思想中、在哲学中经历了自己的未来的历史。

这里看似悖论，哲学是属于时代的，它又为何会超越德国的现实呢？马克思恰恰要讲的就是，哲学来源于现实，服务于现实，但也会超前于现实。这种超前于现实的哲学，会催生超前性的革命，引领一个国家未来的进步。对很多国家而言，不一定拥有先进的制度，但可以分享一种先进的哲学。这是历史辩证法的主体维度，是历史主体在客观历史进程中发挥能动性的体现。

2

落后的德国政治、德国社会，与进步性的德国国家哲学和法哲学，是马克思的哲学批判同时面对的两个对手。当时德国的景象是：社会分成各色人等，人与人之间互相对立，互相猜疑，被统治者一律视为特予恩准的存在物。人们甚至还必须承认和首肯自己被支配、被统治、被占有，全是上天的恩赐。

德国没有分享革命带来的自由和解放，还停留在“国民经济学”的问题上，即如何把垄断发展到终极，想尽一切办法获取私有财产，积聚社会财富，实现“私有财产对国民的统治”。经过资本主义发展的法国和英国，虽然经过复辟和倒退，但已经开始进入“政治经济学”的问题域了，即尽可能考虑财富的公平分配，设计政治制度，保障“社会对财富”的统治，这已经是一种“政治解放”了。

德国根本没有同现代各国登上政治解放的同等阶梯，政府制度依然以维护卑劣事物为生，马克思因此充满戏谑地写道：“我们，在我们的那些牧羊人带领下，总是只有一次与自由为伍，那就是在自由被埋葬的那一天。”

德国分担了现代各国的痛苦，既有现代政治领域的“文明缺陷”，又有旧制度的“野蛮缺陷”。马克思的比喻说得好，在罗马的万神庙可以看到一切民族的神，在德国可以看到一切国家形式的罪恶。这种局面决定了，德国要获得解放，不仅仅要越过自己本身的障碍，提高到现代各国的水准，而且还要同时越过现代各国面临的障碍，达到现代各国将要达到的未来状况。

就德国的问题而言，这是一个后发国家崛起的故事，一个后来者跨越式前进的故事。马克思承认了后来者居上的可能性，让政治文明进程落后的国家有了希望。他看到了，后发国家共同的难题是，传统的、封建的政治制度和政治心理的影响更为严重，现代民主形式不健全，缺陷更加明显地彰显。如何避免现代国家的缺陷，不重蹈发达国家走过的弯路，不重新走入死胡同，这不仅仅是马克思思考的问题，也确实是我们这个时代要解决的难题。

马克思的哲学对待这种客观的现实，采取的态度是不得不批判，不得不否定。他知道，落后的制度本身不是值得重视的对象，即使批判它，否定它，也还是一种时代的错乱，也还不能保证哲学走在时代的前列。就像马拉松的比赛，即使你超越了最后的选手，你也还是一样不是跑在前面。也正如你战胜了远远不如你的对手，你也显示不出自己的伟大。

但这种落后的制度也必须作为批判的对象。因为德国现状是旧制度的公开完成，而旧制度是

如何避免现代国家的缺陷，
不再重蹈发达国家走过的弯路，
不再重新走入死胡同，
这不仅是马克思思考的问题，
也确实是我们这个时代要解决的难题。

现代国家难题

现代国家隐蔽的缺陷。同当代德国政治状况做斗争，就是同现代各国的过去做斗争，而对过去的回忆依然困扰着这些国家。旧制度阴魂不散，它虽然已经被历史抛弃了，但它还是会不断寻找机会重装归来。

现代各国曾经经历的，又在德国重新上演，而且德国的旧制度还相信自己有存在的合理性。其实，同样的事情也发生在中国历史上，虽然封建制度随着紫禁城被攻破已经结束了，但复辟却不止一次地出现，而且还伴随着冠冕堂皇的口号：中国是不能没有皇帝的。

旧制度本身并不是那么容易地退出历史舞台的，马克思说："历史是认真的，经过许多阶段才把陈旧的形态送进坟墓。"彻底终结旧制度，其实并不是那么容易。必须对旧制度进行彻底的批判，才能使它永别，才能使人类愉快地同自己的过去诀别。

哲学要发挥批判的功能，要敢于与这种旧制度进行斗争，马克思的话确实具有战斗性：

在同这种制度进行的斗争中，批判不是头脑的激情，它是激情的头脑。它不是解剖刀，它是武器。它的对象是自己的敌人，它不是要驳倒这个敌人，而是要消灭这个敌人。

批判不是目的，而是手段，要充满愤怒，要敢于去揭露旧制度的缺陷，要让受现实压迫的人意识到压迫，意识到耻辱，并通过让压迫更加沉重和更加耻辱的方式，让世人警醒，它要唤醒人们，不要有一时片刻去自欺欺人和俯首听命。

对制度的批判是搏斗式的批判，这种搏斗式的批判的问题不在于敌人是否高尚，是否旗鼓相当，是否有趣，问题在于给敌人以打击。哲学必须针对旧制度进行斗争，必须将斗争进行到底。只有这样，才能将旧制度送进坟墓，才能不让旧制度从坟墓中再次爬出，继续吓人，继续害人。

这简直就是战斗檄文的写法。马克思已经把哲学的批判精神发挥到极致了。你不得不佩服这个年轻哲学家的激情和勇气。年轻气盛的马克思，完全可以用毛泽东的话来评价：恰同学少年，风华正茂；书生意气，挥斥方遒。指点江山，激扬文字，粪土当年万户侯。曾记否，到中流击水，浪遏飞舟？

3

仅仅批判旧制度的哲学，还不能成为时代的哲学，还不能够触碰到当代问题的核心之处。必须对准超越旧制度现实的国家哲学和法哲学，因为这种哲学是“旧制度的抽象继续”，是“德国历史在观念上的延续”，它是现代国家制度现实的反映。去批判它，才真正接触到当代问题的中心。批判这种哲学的哲学，才能够实现根本变革，成为立足现实、超越现实又引领现实的哲学。

在《导言》之前，马克思还属于典型的青年黑格尔派。黑格尔是马克思的偶像级人物，马克思是黑格尔的铁杆粉丝。黑格尔所构建的思辨哲学体系令马克思仰慕不已，马克思甚至认为哲学到了黑格尔这里已经达到了顶峰，黑格尔的哲学体系因其完整性必然能够解决一切问题。

马克思在这个时候已经不满意于对偶像的崇拜，而走上了青出于蓝胜于蓝的道路。他已经从迷恋中走出来，他看准了，德国的政治意识和法意识最主要、最普遍、上升为科学的表现，就是这种思辨的法哲学，对这种哲学进行批判，就是对现代国家和同它相联系的现实进行批判。

马克思要终结依靠抽象的形而上学和无味的思辨构建严整逻辑体系的哲学，这是关于现代国家抽象而不切实际的思维。不仅因为它沉溺于理论的抽象建构，采取最为闭塞、最为思辨的逻辑体系形式，而且因为它虽然超越了旧制度，但又陷入到现代国家的论证逻辑中，沉溺于如何解释现代国家制度，其“神秘主义”实际上赋予了这种制度以合法性，掩盖了现代制度本身的缺陷。

思辨的法哲学，正是表现了现代国家的未完成，表现了现代国家机体本身的缺陷。现代国家只是从政治上保障了人的权利、人的自由，思辨的法哲学也是如此。它们置“现实的人”于不顾，“凭虚构的方式满足整个的人”，谈论一种抽象的自由，注定了其因对现实矛盾的忽略而无实际意义。

马克思很有意思的话：“如果我们的自由历史只能到森林中去找，那么我们的自由历史和野猪的自由历史又有什么区别呢?”只有自由的思想，在那儿抽象地呐喊自由，不去思考现实的社会条件去寻找自由，注定是徒劳。

通过对国家哲学和法哲学的批判，马克思惊讶地发现，真正的现实还不是国家，不是法律，而是“现实的人”。国家和法律是被建构的产物，国家哲学和法哲学以为国家和法律就是现实了，它让人们只去关注国家制度和法律制度，而忽视人的物质生活、人的现实生活。

现代国家达到了政治解放，从法律和政治上保证人的权利和自由，但没有提到“真正的人”的问题，没有看到现实的人生活依然贫困，根本没有财产。哲学要面对现实，还得再往前走一步，从国家、法律中走出来，不被国家、法律的公平和正义所迷惑，而去关注现实物质生活，去关注市民社会，去关注真正的现实。只有从这个真正的现实出发，才能看到真正的问题和真正的人的解放。

马克思的哲学在批判国家哲学和法哲学的时候，同时对准了资产阶级革命之后的政治制度，和比德国旧制度先进的、已经达到政治解放程度的现代国家。抽象的法哲学把解放寄托在政治制度的改变上，而这实际上已经是英法资产阶级革命所完成的了，而这种解放本身是有局限性的，是有缺陷的。马克思的哲学回应现实问题，瞄准了新的方向，那就是人的解放。

哲学对现实的关照，不能被虚假的现实所蒙蔽，不能仅仅聚焦在国家政治上，而应看到市民社会中的现实的人。这才是真正的现实，关注到这个现实，哲学才能实现真正的革命，才能推动人类社会的飞跃。

哲学要关照现实，但这种关照并没那么容易，哲学与现实是有一定距离的，而且哲学会错认现实。有时候以为把握住了现实，实际上却是被虚假的现实所迷惑，如果哲学还坚持把力气用在这种“政治”的现实上，就注定不能透视问题的实质。

4

哲学关照现实，但不能一味地顺应现实，充当现实国家制度的论证工具。马克思讨厌“历史法学派”对现实制度的论证，说它“以昨天的卑鄙行为来说明今天的卑鄙行为是合法的”。历史法学派是可耻的，就是因为它把哲学变为政治的奴婢。

哲学应该批判现实，在批判现实中找到未来的出路，让哲学成为现实，改变现实。这才是哲学与现实的高度统一。如何实现这种统一呢？马克思从对“实践政治派”和“理论政治派”的批判中汲取了灵感。

“实践政治派”是当时一部分自由资产阶级知识分子以及民主派的代表，其主张是要求实践政治，否定思辨哲学的价值。他们以为思辨哲学本身是低于实践的，主张摆脱它的束缚，从实践出发，实现奋斗目标。

马克思承认否定哲学是正当的，但它没有把哲学归入现实领域，没有看到哲学本身有可能是高于现实的，是现实未来的发展方向。以为光喊口号，说不要这种哲学，这种哲学没有价值，这种哲学就被抛弃了，就消失了。

实际上，哲学是现实的一部分，要消灭一种哲学，就必须消灭产生这种哲学的现实社会状况，如果看不到哲学是现实的一部分，不找到哲学产生的现实基础，不从现实条件出发，或者不消除哲学产生的现实背景，不使它成为现实，就不能够消灭这种哲学。而超越于实践的哲学理念，如果不能够在现实中实现，它也不会被否定，也不会被消灭。搞实践政治，不能完全否定哲学的价值，否定哲学与现实的关系，它需要哲学的理念，需要让理念成为现实。

“理论政治派”的代表是青年黑格尔派，它从黑格尔哲学中得出彻底的无神论思想，但越来越理想化，越来越脱离现实，脱离实际革命斗争。他们认为当时的斗争只是哲学同这个德国世界的批判性斗争，一方面是完美的哲学，一方面是病态的现实，革命的任务就是要用一种完美的哲学、理想的哲学、应然的哲学来改变这个残缺的世界。

这种哲学只看到了现实世界的缺陷，没有看到自身的缺陷，没有看到它越来越脱离现实，它的思辨本身就是一种缺陷。建构完美的哲学体系，喊几句冠冕堂皇的口号，以为就能够改变世界，就能让自己的理念变为现实，是多么可笑的事情。它必须认识到要使哲学成为现实，就必须让哲学融入到现实中，和现实紧密结合起来。

一个认为不使哲学成为现实，就能够消灭哲学；一个认为不消灭哲学，就能够使哲学成为现实。问题都在于割裂了哲学与现实的关系。哲学不能脱离于现实，现实产生哲学，哲学化为现实，使

理论
体系
观念
价值
主义
建构完美的哲学体系，喊几句冠冕堂皇的口号，以为就能够改变世界，就能让自己的理念变为现实，是多么可笑的事情。

口号

哲学成为现实，才能消灭哲学；消灭哲学，也就是使哲学成为现实。

哲学既是被动的，又是主动的，既会沾染上现实的缺陷，又会改正自己的毛病而成为推动现实前进的武器，前提在于，它把握住了现实世界的缺陷，消灭了赖以存在的现实制度。马克思的哲学对现实的关照，不沉浸于现实中，而是要引领现实，它要实现人的解放的目标，它源于现实，高于现实。

马克思发现了一种新的哲学，一种不同于旧的思辨哲学的形式，一种终结了旧哲学的、富有现实性的新哲学，一种与现实有机融合互相转化的新哲学。马克思的哲学在出场时就承载了现实性的历史任务，他才可能反思哲学的现实性问题，并进而对思辨哲学进行批判，与传统的思辨哲学划清界限，最终对哲学的价值与意义进行重新确证，迸发了“消灭哲学”的火花。

消灭的是思辨哲学，追求的是一种“现实哲学”，产生于现实又能引领现实的哲学。哲学的逻辑和现实的历史是统一的，它因此少了哲学的应然性，而更多地体现了哲学的实然性，使哲学源源不断地化为现实。这就是消灭哲学的意思。

对马克思来说，哲学有两种，一种是顺应现实，为社会辩护的；一种是能生成新的世界的哲学。前一种哲学最多只能客观解释世界，后一种才有机会做到改变现实世界。哲学不能停留于理论性的范围，应抛弃形而上的抽象思辨，关注现实，以理论指导实践，这才是哲学的理论旨归。最高的哲学就是能在现实中实现的哲学。马克思终结了作为哲学的哲学，而开启了作为政治的、作为现实生活实践的哲学。

当然，现实本身也必须主动寻求哲学的指导，不能抛开哲学，一味地横冲直撞，它要尽可能让自己按照哲学的思想轨迹运转。“光是思想力求成为现实是不够的，现实本身应当力求趋向思想。”思想去力求成为现实，现实主动趋向思想，思想和现实握手前行，才能不断创造人类社会的光明前景。

☞当代回响

哲学与政治如何亲密接触？

以前读硕士时，我学政治学，有亲戚朋友问

我，学什么的啊？我说政治学，他们的反应是，噢，搞哲学的。博士阶段，我学了哲学，亲戚朋友问我，现在学什么专业啊？我说哲学，他们说，噢，搞政治学的。当时没有去解释，就支支吾吾地避开了这个话题。现在回过头来看，哲学和政治的关系确实是令人头疼的话题，但也是一个很需要回答的、具有现实意义的问题。

哲学与政治在漫长历史上总有着千丝万缕的关系，儒家的哲学理念同帝王政治不可分割，儒家哲学一定程度上可以说是一种为政之学。受阶级斗争扩大化的影响，有一段时期，一切哲学又被强硬地打上政治的标签，都被认为有一定的政治倾向，服务于一定的阶级利益。自然不自然地，有些人就开始认为，哲学与政治不分家，哲学总有政治的维度。

问题是两者相处得并没那么融洽。哲学家总有政治的抱负，总是企图使哲学的理念变成为政治实践，而现实是，哲学往往被政治所俘获，成为论证政治合法性的重要资源。哲学不甘心当政治的奴婢，却又总是显得无力、无能、无为，呐喊很激烈，行动却总是难以见效，结果只能是悲情。政治

不甘为奴

需要哲学也不需要哲学，需要哲学时，因为哲学表现出了“奴颜婢膝”，不需要哲学时，是因为哲学在“无理取闹”，结果，政治总能占据上风。

在哲学与政治关系的问题上，如今有了不同的趋向。一种趋向是，哲学应该远离政治。哲学如果还是哲学的话，那就不要涉及现实的政治问题，与政治没有任何关系，一点现实的政治问题都不参与，才是在搞哲学或在搞学问。一旦和政治对上话，那就不再是哲学，而成了意识形态。其理由是，凡是关涉政治者，都是御用文人，不学无术，不搞学问，只会投机。哲学应该是纯粹的，应该圈定自己的一亩三分地，与政治老死不相往来，越抽象越好，越思辨越好，建造理念的宫殿，感受哲学的自我愉悦。

一种趋向是，哲学就应该是政治的一部分。不过，其立场截然对立，一极是强调哲学应该为现存政治服务。一切唯政治马首是瞻，充当政治的传声筒，以换取政治对哲学的“爱”。结果是，不管政治对不对，坚决拥护，为政治摇旗呐喊，鞍前马后，不敢审视政治存在的问题，久而久之失去对政治问题进行理性思考的能力。另一极是坚决反对现存的政治。对他们而言，凡是现存的政治都是不合理的，现实政治做得再好，也要批判和否定。这样才能显示出哲学的精神气质，才能奠定自己独立哲学家的地位。两种态度的哲学实际上都是为政治服务，只是为不同的政治立场服务。

可能还有一种中间派趋向，表面上不关心政治，不对政治发声，坚守自己的抽象领域，对政治不屑一顾，但私下里却偷偷摸摸，借古讽今，冷嘲热讽，对政治高谈阔论。自以为高明，高雅，不落俗套，坐得了冷板凳，而一旦政治伸出橄榄枝，就义无反顾地往政治冲去。这种哲学到头来还是没改政治奴婢的本性。

其实，哲学与政治的亲密接触并不是一件简单的事情，需要双方共同的让步和努力。政治需要以自信的态度，大度的气势，宽容的胸怀，尊重哲学的独立性、自主性，虚心听取哲学的批判、反思和预见。哲学也需要放下高冷的面孔，放下虚荣的架子，去关注现实的政治，关心屋顶之下的事情。搞哲学的人离不开对政治的关注，不关注政治的哲学往往是离群索居的，抽象思辨的，它应该把政治作为最有智慧的人的活动，从中提炼出更有智慧的名言警句。

哲学与政治亲密接触，应该保持一定的距离。距离产生美，离得太近产生腻烦，离得太远就不够亲切。离得太近哲学容易成为政治的奴婢，哲学因此一点都不可爱，一点都不值得人去追求。离得太远，哲学就会上升到天国，让人只可远观不可近距离接触，哲学也就成了少数人的自我意淫。

哲学与政治亲密接触，就应该保持自己的立场。哲学没有立场，不是失去了独立性，就是沉沦到政治中。再天马行空，再天女散花，哲学也不能缺少核心，缺少精髓，它或者着眼于人类社会，或者服务于多数人的利益，立场需要鲜明，这是哲学立足的前提。不能以哲学的独立性名义，放弃应该有的立场。

哲学与政治亲密接触，就得保持问题意识。同样的政治热点问题，哲学涉入的视角一定是分析问题的，解决问题的，是要在政治口号之下去追问缘由的。它要看得更深，更远，而不是停留在表面上的人云亦云，同声附和。哲学更高的任务在于超越于政治口号之后，审视还存在的问题，对长远发展提出预见性的设想。

哲学与政治亲密接触，就要发挥建设性功能。哲学不是发牢骚的战场，不是要解构一切，批判一切，所有政治的东西好像都应该否定。批判是为了进步，解构是为了建构。只搞破坏和批判，根本不立足现实，不从实际出发去思考政治的哲学，不算是真正的好哲学。

政治的历史进程有一定的客观规律，过于着急的激进哲学有可能不助于改进现实政治，反倒可能会成为阻碍政治进步的绊脚石。哲学应该现实些，不应该过于理想。哲学在抬头看天、仰望星空的同时，也需要低头走路，关心一下地上的坑洞。

仰望星空低头看路

三、精神的武器

批判的武器当然不能代替武器的批判，物质力量只能用物质力量来摧毁；但是理论一经掌握群众，也会变成物质力量。理论只要说服人［ad hominem］，就能掌握群众；而理论只要彻底，就能说服人［ad hominem］。所谓彻底，就是抓住事物的根本。而人的根本就是人本身。

1

在对思辨哲学的批判中，在对现代政治制度的考察中，马克思得到了一个结论，那就是他的哲学不能专注于哲学自身，而应专注于现实的“课题”，摸清历史规律，转化为实践，推动人类社会进程。

马克思瞄准的时代课题是什么呢？是推动现代

国家实现“人的高度的革命”，达到“有原则高度的实践”。对马克思而言，经历过启蒙运动以及资产阶级革命的现代各国，根本没达到这个高度，最多只是实现了“局部的纯政治的革命”。应该说这个“现代各国”，不是一个历史概念，而是一个现实概念，我们现在所生活的时代，按照马克思的判断，也依然只是完成了“局部的纯政治的革命”。

之所以是“局部的”，是因为社会中只有少数阶级、少数人获得了解放，只有少数人的权利得到了实质的保障，大多数人实际上没有享受到革命所保证的权利。之所以是“纯政治的”，是因为人们只是在政治领域获得了解放，只是在政治上摧毁了世袭制、等级制、特权制，从法律上保障了每个人的自由权、财产权、人权、公民权等。

政治法律制度赋予每个人权利，当然是历史的进步，但权利只是一种形式上的赋予而不是实质意义上的给予。正像赋予了你自由权，并不代表你就真的有自由；赋予了你财产权，并不代表你就一定会有财产；赋予了你人权，并不代表你就能活得像个人样。

在经济社会领域，人们并没有普遍享受到被赋予的东西，人与人之间依然存在阶级制，没有享受到同为公民之间的平等。政治的理想与经济社会领域的现实形成鲜明的对比，一边是海水，一边是火焰，政治上给了人们广阔空间和未来希望，经济社会上依然还有很多人生活在水深火热中。

迄今为止所有国家实现的革命，归根结底只是少数人获得解放的革命，只是某个领域的革命，都还是不彻底的革命。这是马克思对现代国家做出的诊断，他因此要开的药方是实现“彻底的革命、普遍的人的解放”。

所谓“彻底的革命”，就是说不仅仅是政治领域的革命，而且是经济、社会、文化、精神等各个方面的革命。所谓“普遍的人的解放”，就是说不是某些人的解放，而是作为整体的、作为全人类的解放。这就是普遍的、完全的、彻底的人的高度的革命，当代所有国家都将要努力追求的方向。

只要稍微关注一下身边的政治社会境况，我们就会明白，马克思的事业不是异想天开，不是空地重建，而是对症下药，有的放矢。除非你硬要说，马克思所讲的，我们早就实现了。

要实现普遍的人的解放，必须有彻底的革命理论。彻底的革命，需要彻底的哲学，只有彻底的哲学，才可能将人的解放进行到底。马克思的哲学就是这种彻底的哲学。如果给马克思的哲学定性，它就应该是革命的哲学、解放的哲学，是彻底的革命的哲学，追求普遍的人的解放的哲学。这是马克思在切入现实、展望未来后赋予哲学的新使命。

在马克思看来，革命要从哲学家的头脑开始，正如德国的宗教改革从僧侣的头脑开始。哲学是一种“批判的武器”，虽然不能等同为“物质力量”，不能代替作为“武器的批判”的革命实践，但它可以转变为物质力量，起到推动实践的作用，只要它够彻底，能说服人，能抓住“根本”，能掌握群众。

革命的、解放的哲学如果够彻底，就需要从人本身出发，抓住人的根本，高扬“人是人的最高本质”，遵循“必须推翻使人成为被侮辱、被奴役、被遗弃和被蔑视的东西的一切关系”的绝对命令。哲学要让人真正成为人，让人摆脱一切外在的束缚，获得真正的自由和解放。

这种彻底的哲学，实际上面对的是我们生活中常见的问题。人与人之间的关系，为什么会成为一种外在的力量，使人本身受到侮辱、奴役、遗弃、蔑视？我们的关系，为什么不能我们自己做主？我们的地盘，为什么就不能听我们的？我们为什么在政治法律上有自由、有若干权利，实际上这个自由、这些权利却离我们那么遥远？

人是现实中的残缺之人，总会憧憬成为完全自由的圆满之人，但却总不能与理想完美对接。现实之人与理想之人，好像是两个“人”，如何合二为一成为一个“人”，这是永恒的难题。面对理想的完美境界，现实的人总会羞愧地低下头来，他知道还有很多的路要走，还有很多的空间要开拓。

永恒的难题，给哲学提供了永恒的灵感，让众多哲学家费尽思量，前赴后继地去思考。历史的进程已经不断彰显出曙光，现实之人在追赶，与理想之人的差距在缩小。这无疑能让人燃起希望，只有那些悲观的人才看不到希望，看不到彻底的哲学的力量。

马克思的哲学不是没有根据的彻底或激进，他是在看到曙光之后，力图让它普照于世界。百尺竿头，更进一步，政治解放之后，实现人的解放，并不是很遥远的事情。

理想之人

2

人的高度的革命，需要彻底的哲学，也需要物质力量，一种现实的力量。现实实践中的矛盾只能用现实的武器来解决，哲学毕竟是理论，本身不是直面现实的现实性运动，哲学的使命不是哲学自己可以完成的，真正实现人的解放仍需特定的主体力量。马克思给自己找到的主体力量是“无产阶级”。这是马克思的重要发现。

马克思所说的无产阶级究竟是指谁？这是一个令很多人困惑不解的问题，也是最容易让人诟病的问题。每一个人心中都有一个无产阶级的形象，但很多人一想到无产阶级，就想到那些社会最底层，苦难最深重的人，那些没钱没权没房没车只能拼命工作的人，那些农民工 、贫民、穷人、蚁族等群体。我们需要正本清源，看看马克思讲述的无产阶级到底是什么样的。

“一个被戴上彻底的锁链的阶级”：人是生而自由的，但却无所不在枷锁之中。马克思一定读到过卢梭的这句话，并演绎了这句话来形容无产阶级。

他用的是“彻底的锁链”，说明无产阶级是最受压迫、受歧视、受奴役的处于苦难中的人们，他们遭受普遍的困难，受到绝对的不合理不公正的对待，物质需要得不到满足，精神生活没有实际内容。

这是马克思对当时的工人阶级进行经验观察的结果，如果按照这个标准来找今天的无产阶级，除了那些在高温下挥汗如雨、坚持劳作的人，那些在电子厂、服装厂等中工作 16 小时以上的人，那些干最脏最累的活拿最少钱的人之外，确实是很难找到的。无产阶级应该是相对的概念，其形象不能因此而固定下来，会随着社会的进步而改变。

“由于社会的急剧解体、特别是由于中间等级的解体而产生的群众”：有些人总习惯地说，自己没有房，没有车，是无产阶级，他有车又有房，就不再是无产阶级了？不是说只要是贫民就是无产阶级，也不是说因为来了一场爆炸，把家园给毁了，就变成无产阶级了，更不是说炒股票炒得一无所有了，就是无产阶级了。如果这样说，古代的奴隶，懒惰的贫民，更像是无产阶级了。

无产阶级不是自然形成的，是历史的产物，是在工业运动兴起时才开始形成的，是资本主义生产方式的特定产物。无产阶级是失去土地等生产资料而不得不去为别人工作的群众，是因社会急剧解体产生的，不是各个时代天然就有的，他们本来有自己的一亩三分地，有自己的牛羊工具，现在他们失去了，只能成为被雇佣的劳动者，靠别人给的工资来生活。

“一个并非市民社会阶级的市民社会阶级”：这是马克思最拗口的一个界定。市民社会与政治国家对应，是人与人物质关系的总和，资本主义生产方式的确立，使市民社会从国家中解放出来。每个人不仅作为国家的公民，还作为市民社会的成员，他们是利己的主体，有自己的财产，有自己的小算盘，通过商品交换实现自己的利益。

无产阶级在市民社会中，必然是市民社会阶级。但他们又难以获得他们想要的小日子，享受不到市民社会的财富，过不上称心如意的生活，他们成为市民社会的边缘人，给市民社会建造高楼大厦自己却不能享用，所以他们又并非市民社会阶级。他们对市民社会充满失望，更能看清楚市民社会的问题，因而能够激发出阶级的意识、革命的意识、解放的意识。

"一个表明一切等级解体的等级"：无产阶级是一个等级，是社会中的一个等级。但其作为一个等级，不是要制造出新的等级，让自己成为高等级的阶级，让自己成为新的私有者，新的特权者。无产阶级要实现无阶级或无阶级差别的社会，要宣告一切等级的解体，让人与人之间的关系不再有等级制。所以，无产阶级不要求享有任何特殊的权利，不要求拥有特殊的公正，而是要求人的权利，一种普遍的公正，要求所有人的权利的平等，一种符合所有人利益的公正。

由此可见，马克思对无产阶级的界定，既有经验的观察，又有哲学的抽象，既有对其客观生存状况的描述，又有对其主体自觉意识的要求。要成为马克思意义上的无产阶级，并不是那么容易的事，无产阶级既是生活条件艰难的阶级，又是具有革命激情的阶级，既是受难的阶级，又是救赎的阶级。只有经受最大苦难的阶级，才能得到最大限度的救赎。无产阶级被戴上彻底的枷锁，但却又是能够承担普遍的人的解放使命的阶级。

作为马克思的核心概念，无产阶级正不断受到误解甚至指责。一些人的观点是，无产阶级只是思想抽象的范畴，不是实在的，不具有现实性，纯粹是马克思出于人道主义、感情因素构造出来的，马克思创造了一个“无产阶级的神话”。也有观点认为，无产阶级可能在当时出现过，但现在其作为一个阶级已经消失了，尤其是中产阶级的崛起，宣告了资产阶级和无产阶级两极分化的时代一去不复返了。

我们面临着如何重新理解无产阶级的问题，从马克思的文本中得到启示，可以从以下几个要素来看：是否拥有生产资料？无产阶级之“产”，不是财产之“产”，而是生产资料之“产”，无产阶级就是没有自己独立的生产资料，判断无产阶级不是看是否无房无车，而是看是否有独立的生产资料，是否生产属于自己的产品，是否为他人而生产。

是否从事雇佣劳动？无产阶级存在于资本主义雇佣劳动关系之中，是雇佣劳动的从事者，与作为资本代言人的资产阶级相对应而存在。有人用中产阶级来否定无产阶级，其实是混淆了两者，中产阶级涉及有多少财富的问题，对应的是富豪、穷人，无产阶级对应的是资产阶级，涉及依靠什么获得收入的问题，即主要靠劳动而不是靠土地、资本来获取财富，当然有时也通过购买股票，通过临时转租房子偶然获得资本的收益。

是否处于相对贫困状态？今天的无产阶级已经不可与马克思所处时代的无产阶级同日而语了，不能只说无产阶级生活得如何悲惨，如何贫困。生活条件的改善是再正常不过的事情，不能说明无产阶级的消亡。贫困不是绝对的，而是相对的，只要两极分化、贫富差距的扩大还是事实，只要不公平还是被公认的社会状况，无产阶级就还是客观存在的。相对于依靠资本和权力获得财产的人，依靠劳动获得收入的无产阶级，如何摆脱相对贫困的状态，还是当今社会的难题。

是否共享政治经济权力？无产阶级的消失表现在阶级差别的消失，表现在社会成员共同分享政治权力，共同支配生产资料，决定生产过程，分配劳动产品。正如恩格斯所说的，无产阶级的历史使命是取得公共权力，把社会生产资料变为公共财产，使生产资料摆脱资本属性，获得社会性。

如果社会还是少数人任性用权，占有着社会的大部分财富，而大多数人没有品尝到权力的滋味，还要拼死拼活地劳作，这样的社会就还是存在着阶级差别的社会，就还是有无产阶级存在的社会。

3

古往今来的哲学家，往往坚持的是英雄史观，所选择的言说对象是王侯将相、政治领袖、天才人物、英雄好汉，他们不相信推动历史进程的会是默默无闻、辛勤劳动的无产阶级或人民群众。马克思的哲学扭转了航向，不再聚焦于“哲学王”“君主”“圣贤”“精英”等少数人物，他发现了对很多人来说名不见经传的无产阶级，站在他们的立场上，充分信任他们的力量。就凭这一点，就可以说马克思的哲学实现了变革。

马克思为什么会相信无产阶级能够承担人的解放的使命呢？为什么会选中无产阶级呢？在他看来，无产阶级的革命激情最彻底。因为无产阶级是被戴上彻底的锁链的阶级，无产阶级一无所有，才能无所畏惧，才能够鼓起勇气宣布“我算不了什么，但我必须主宰一切”。光脚的不怕穿鞋的，没有“鞋”的人，更能够豁出去，更有革命的激情。

英雄史观

无产阶级的解放对象最广泛。我们常说，无产阶级没有自己特殊的利益，为什么？马克思早就给了答案，是因为无产阶级的特殊利益与人类的普遍利益是相一致的。因为是社会的最底层，无产阶级只有让所有的阶级都获得解放，只有救赎了社会各阶层，才能够让自己获得救赎和解放。而且，无产阶级本身就包括社会的大多数人，就包括在历史上一直没有获得解放的大多数人，无产阶级的解放将是历史进程的质的飞跃。

无产阶级的解放领域最全面。无产阶级表明人的权利的完全丧失，其痛苦不是来自特殊的无权，不是政治上或经济社会生活上的无权，而是经济、政治、文化、社会一切领域的无权，无产阶级只要求政治解放是不够的，必须要求一切领域的解放。只摆脱经济领域的奴役是不够的，必须摆脱一切领域的奴役。只获得某种政治权力是不够的，必须要求人的一切权利。只有要求所有领域的解放才能获得真正的解放，只有通过人的完全回复才能回复自己本身。

无产阶级的阶级意识最自觉。无产阶级会渐渐看清楚自身的状况，会认识到政治领域的公平、自由、财产权只是形式上的，会猜透自身存在的秘密就是这个世界制度的实际解体，会认识到只有消灭生产资料私有制才是本阶级的根本利益，只有否定私有财产才会有人的真正解放。无产阶级识别出了欺骗，会明白：德国国王说，我的人民，正像他对自己的马说，我的马一样。无产阶级要把国王的私有变成人的私有，也就是人人“共有”。无产阶级的“无”因此也包含“有”，但不再是个别人的占有，而是所有人的共有。

无产阶级不再为了私有财产或者为了财产而活，不会为了有财产而被奴役、被侮辱。“无”因此不是没有的意思，而是一种更高的生活境界，更高层次的追求。这种无是超越“有”之后的无，不是一无所有，而是无有无不有。因此，这个无产阶级不仅是历史的产物，还是未来的产物，不仅是人真正为人的必经阶段，也是作为类存在的人的总体发展方向。

很多人可能会疑惑，出身底层的无产阶级凭什么能够承担历史使命，能够完成人的解放的重任？无产阶级在今天难道不是已经被资本主义同化了吗，哪里还有一种追求解放的激情？马克思对无产阶级使命的预言，是否是马克思最大的败笔，是否是马克思做出的最不可思议的预测？

马克思对无产阶级寄予了厚望，不吝惜用最美好的词汇来形容它，因为他知道，再伟大的思想，如果没有激发出大多数社会成员的力量，就注定不可能化为实践。他最想表达的意思是：推动人类历史进程的，一定是占社会大多数的、从事劳动的无产阶级和人民群众。人民群众意识的觉醒、力量的彰显，是人类社会不断走向公平、走向进步的重要推动力。

社会的公平不是靠呼吁、靠呐喊、靠渴求来实现的，只有有了自觉的阶级意识，显示出强大的阶级力量，执政者才会考虑到给这个阶级公平的机会，满足其更多的吁求。

马克思唤醒了大多数人的政治意识，让劳动阶级追求到了更多的权利，获得了更多的利益，大大推动了历史的进步。其实，更多人成为所谓的中产阶级，成为有产者，这与民众不断抗争、努力争取是分不开的。“中产阶级”的涌现因此不是说明了无产阶级理论的失效，恰恰说明了它的现实力量表现了出来。

有人说，马克思的哲学过于浪漫，过于理想，过于乌托邦。在我看来，马克思是最为冷峻的思想家。他一开始登上哲学的舞台，就已经明白，再玄妙的哲学都必须面对冷冰冰的社会现实，公平正义光靠呼吁是不可能实现的，只有激发起大多数民众的阶级力量，只有在对抗中才能推进社会公平的进程。当然，这种对抗不一定就是你死我活的斗争，而可以宽泛地理解为博弈，理解为协商或谈判，理解为对自身权益的努力争取，对外在环境的抗争。

4

马克思的事业是人的高度的革命、普遍的人的解放，他借以依赖的武器是彻底的哲学和无产阶级。哲学与无产阶级因此都只是一种工具或手段，哲学提供理性和智慧，无产阶级提供激情和勇气，共同服务于人的解放。所以，马克思说，人的解放的头脑是哲学，心脏是无产阶级。

哲学如何与无产阶级相结合？哲学把无产阶级作为物质武器，依靠无产阶级来真正把握其理论旨趣、终极关怀、解放图景，将其转化为实践；无产阶级把哲学当作精神武器，依靠哲学唤醒自己的阶级意识，形成自己的阶级力量，激发自己的阶级行动。

一个精神武器，一个物质武器，哲学与无产阶级的结合，将共同缔造一个新世界，这是一个宣言，也是一个预言。在这个未来的新世界中，马克思的哲学和无产阶级将完成历史使命，光荣地退出历史舞台。一切都要有个终结，哲学将会消灭，无产阶级也会消灭，如何来理解它们的共同消灭呢？

哲学借助于无产阶级成为现实而消灭。

既然哲学是一种旨在实现人的解放的哲学，如果无产阶级还存在，哲学就没有完成历史使命，它就必然还存在，就不能成为现实，因而就不能消灭。只有在无产阶级的革命实践中，无产阶级消灭自己，人的解放得以实现，哲学才变为现实，理念才转化成实践，应然性的哲学就变成了实然性的现实，它本身也就不再存在了。

无产阶级借助哲学实现人的解放而消灭。

阶级的存在同生产发展的一定历史阶段相联系，它是客观存在，但并不符合伟大思想家以及人

新世界
宣言
哲学
马克思主义
一个精神武器，
一个物质武器，
哲学与无产阶级的结合，
将共同缔造一个新世界，
这是一个宣言，
也是一个预言。

新世界宣言

们的主观意愿，因为它的存在本身表征了人类社会的不够完满。因此无产阶级的消亡是历史根本进步的表现，但如果无产阶级只追求部分人的解放，只追求政治领域的解放或经济领域的解放，就不会解放自身，无产阶级必须坚持贯彻彻底的人的解放的哲学，才真正能够消灭自身。

消灭哲学与消灭无产阶级是同一个过程。

消灭哲学的过程也就是哲学理念不断成为现实的过程，就是世界现实的缺陷不断被消灭的过程。哲学消灭，世界不再残缺，人类社会的美好理想实现，无产阶级当然也就消失了。无产阶级自身的消灭过程，就是人类自身不断成熟的过程。无产阶级的消灭，说明人们摆脱了枷锁，人与人之间不再存在奴役、压迫、剥削、侮辱。那种致力于人的解放的哲学因此也就消灭了。

哲学的消灭和无产阶级的消灭确实有理想的色彩，但其反映的是人类社会不断进步的历程。当我们一直在向越来越好的未来发展时，我们为什么不相信未来的美好呢？更多的人将拥有更多的政治权力，能够参与政治事务，更多的人获得了高层次的生活，活得更有尊严，更有价值，这其实正是马克思期盼的未来，其实也正是哲学消灭和无产阶级消灭的过程。

☞当代回响

所有哲学都应该讲党性吗？

哲学的党性原则，长期以来被作为马克思主义哲学的重要观点，被认为是分析哲学流派、评判哲学好坏时应该坚持的重要原则。时过境迁，哲学的党性原则现在很少被提及，一些马克思主义者对其讳莫如深，试图避开这个话题，一些非/反马克思主义者以及一些对马克思主义哲学知之甚少的人，把它看作为马克思主义哲学的一个软肋，对其横加指责。哲学党性原则到底是什么意思？到底还应不应该坚持？在今天该如何坚持？这个问题依然困扰着很多人，值得在新的时代背景下进行回应。

翻开马克思主义经典作家的文本会发现，马克思从来没有讲过哲学的党性原则。但他认识到哲学要想改变世界，就必须在社会历史的进程中找到自己的“代言人”，就必须把无产阶级当成物质武器。而无产阶级要想解放自己并因此解放全人类，就必须把哲学作为精神武器，建构紧密关照现实的“人间哲学”而不是“天国哲学”。这个思想奠定了马克思主义哲学党性原则的前提，即哲学从一开始就不应该是与现实社会无关的抽象思辨，而是直接触碰现实、关照现实，并力求通过特定历史主体来改变现实的理论。

恩格斯在1845年最早使用了“党性”一词，他批判德国思想家用“抽象的人性”和“普遍的爱”来宣扬“绝对的社会主义”，“真是可怜得怕人”，“由于自己在理论领域中没有党性，由于自己的‘思想绝对平静’而丧失了最后一滴血、最后一点精神和力量。可是人们却想用这些空话使德国革命，去推动无产阶级并促使群众去思考和行动”。显然，恩格斯提出“无党性”意在唤醒那些充满幻想的理论家，不要总是打着人性的旗号进行理论的空谈，无力地悲叹现实社会的不公平，而应该去设想具体的阶级行动方案。

恩格斯认识到，哲学失去党性，对社会的批判再有力也不可能产生实际的作用，描绘的未来社会

无党性空谈

再美好也注定只是想象，离开现实状况谈抽象的人性，离开特定的群体谈普世的解放，这种没有“党性”的哲学只能是“空谈”，注定只能停留在理论的抽象性、所谓的普世性上而生成不了任何现实的力量。

反过来说，一种哲学有党性，就是要去除掉这种抽象性、所谓的普世性，就是要坚持现实性，敢于承认它具有服务于和依靠于特定社会群体力量的意识形态性。有党性的哲学，要对现实的社会状况进行现实的分析，要鲜明地服务于革命的阶级，并依靠先进阶级使理论转化为现实。

列宁进一步发挥了哲学党性的理论，他做出了这样的总结：“最新的哲学像在两千年前一样，也是有党性的。唯物主义和唯心主义按实质来说，是两个斗争着的党派，而这种实质被冒牌学者的新名词或愚蠢的无党性所掩盖。”就此可以说，哲学的党性就是指在哲学基本问题上采取的基本立场。两个斗争着的派别，就是指哲学中两个基本的派别，而不是政治党派。当然，列宁也指出了，哲学上的党派斗争，在其背后是不同的阶级利益和政治倾向，归根到底表现着社会中敌对阶级的倾向和思想体系。

列宁强调哲学党性，意在提醒要看清眼花缭乱的哲学的真实面目，看清楚哲学背后的目的或意图，不要被这种哲学的表面所迷惑，要谨防一些哲学、理论在冠冕堂皇的名义下贩卖着不可告人的秘密，意识到那些自诩为放之四海而皆准的普世哲学的虚伪性，丢掉那种天真地认为哲学没有对立之分，一切哲学总是服务于全体人类利益的幻想。这种观点与马克思、恩格斯的观点是一致的。

但理论本身是一回事，理论的现实应用又是一回事。理论提出之后的时代，不一定能够完全呈现理论的全貌，反而有可能会遮蔽其中的某些真知灼见，凸显出某些不应该被突出的方面，从而损害它的本义。

列宁的哲学党性理论正是如此，哲学对立、政治斗争的方面被无限放大，一种思维套路出现了：整个哲学史就是唯物主义和唯心主义斗争的历史。任何哲学都有政治目的，都有政治倾向，都是服务于某个阶级利益的，没有任何例外。唯物主义是政治上进步的哲学，是先进的哲学，代表着无产阶级的利益，唯心主义则是政治反动的哲学，是腐朽的、没落的贵族阶级、资产阶级哲学。

如此理解哲学的党性，当然会让一些人心里产生反感。中西哲学，纷繁复杂，形式多样，各有各的精彩，各有各的价值，偏要给其定性，唯物的还是唯心的，积极的还是反动的，人为地将其对立，轻而易举地将一些哲学思潮一棍子打倒，这是哲学的暴力行径，是哲学的沙文主义和霸权主义。

任何哲学都是时代的产物，任何哲学家确实都有一定的政治立场，哲学会带上哲学家所属的那个阶级的痕迹，但这并不等于说他的哲学就只是狭隘地服务于那些人，他的哲学就有多么鲜明的阶级性，与其他哲学有多么根本的对立和斗争。

正确地理解哲学的党性原则，非常重要的一点是不能把哲学的党性与阶级性画上等号，不能以哲学党性的名义，给不同的思想、理论扣帽子，武断地进行否定，也不能过度夸大唯物主义和唯心主义的对立问题，而看不到两者统一的一面，看不懂两者的相互依存、相互渗透。

正如恩格斯所理解的那样，唯物主义和唯心主义的区分只有在回答世界的本原问题时，才有意义，离开这个问题根本没有任何意义。不能以哲学的党性原则来否定古今中外所有哲学的多样性，来否定其他哲学甚至神学、禅学的积极价值。

理解哲学的党性，要看到它的对立面是什么？是哲学的抽象性、思辨性、无立场性。哲学的党性强调的是哲学的立场性，哲学要符合时代要求，代表历史发展趋势，代表人类社会的前进方向。一种哲学没有党性，是因为它服务于落后的、腐朽的政治制度，它替极少数的拥有特权的精英摇旗呐喊，它追求花里胡哨、哗众取宠，而实际上遮蔽真相，在宣称中立性的时候别有用心，为少数人的统治进行合法性论证。

在今天，坚持哲学的党性，我们就要看透国外思潮、新兴理论的“玄机”，不能在追求纯粹哲学、科学真理的过程中忽视哲学、理论的意识形态性，忽视这些哲学、理论所暗藏的特定政治力量的利益和意志。

坚持哲学的党性原则，就应坚持马克思主义哲学的立场，服务于无产阶级和劳动人民的根本利益和长远利益，而不是少数特权者的利益。如果哲学达到的效果不是如此，那么这种哲学就叫做没有党性的哲学。

哲学党性原则的关键还是要体现在实践中，不能只在理论上强调马克思主义哲学的党性，而在实践上得不到体现，就此而言，马克思主义哲学党性原则的理想和它的现实呈现，还有一段距离，还值得继续努力。

结语　真正的哲学

“任何真正的哲学都是自己时代的精神上的精华”，马克思的这句名言，充分说明了他对哲学的期冀。哲学离不开时代，都是时代的产物，但不一定就是时代精神的精华，不一定就是真正的哲学。一种哲学需要锤炼若干独特的精神气质，才能成为真正的哲学，从马克思的哲学宣言中，我们能获得一些启示。

真正的哲学要倡扬理性。它要反对愚昧，反对盲从，反对以宗教、神圣、思辨的名义，让人无条件地相信。哲学相信的是人自身能够救赎自己，能够认识他自己以及他的世界、他的社会的秘密，而不需要借助于某种神秘的力量。哲学让人不肤浅，让人不断地怀疑、追问和沉思，去揭开一切事物的神秘面纱，看到本来没有机会看到的“内幕”。

真正的哲学要直面现实。它不是抽象的形而上学、让人云里雾里的玄学，将自身束之理论高阁，在那儿故弄玄虚，好像不食人间烟火。哲学就是现实的呈现，是社会实践的一部分，是改造世界的理论武器。哲学不让自己落后于现实而显得迂腐老套，也不让自己太超前于现实而显得激进空想，它应该把准现实的脉搏，立足现实又引领现实。

真正的哲学要敢于批判。哲学直面现实，必须批判现实的弊病。从宗教批判，到政治批判，到经济批判，到对其他哲学以及对自己本身的批判，哲学敢于批判一切领域，它就是“批判的武器”。它在批判中找到自己的价值，在批判中透视社会的真谛，在批判中寻求建设的方案。它不是为了批判而批判，不是为了摧毁而摧毁，它在批判中有思路，在摧毁中有建设。

真正的哲学要依循规律。面对光怪陆离的社会，面对无奇不有的大千世界，哲学变复杂为简单，在千头万绪中紧紧抓住那条若隐若现的线索。世界和社会不再乱七八糟，而是井然有序地呈现在人们面前。哲学善于捕捉规律，善于依循规律，它从昨天思考今天，从今天思考明天，并把昨天、今天、明天串了起来，让人有了预见性，有了对未来的确定性。

真正的哲学要服务社会。善良的人会认为，所有的哲学都是服务于人的，都是好的。没有任何一个哲学家会有那么坏，创造一套哲学体系，就是为了让一部分人压迫、剥削、奴役另一部分人。但现实让人失望，有的哲学恰恰就充当着这种角色，为旧制度、旧秩序、旧社会提供合法性，让人们有口难辩，有苦难诉。真正的哲学要以改造现实世界为目标，服务于人的解放和社会的公平正义。

真正的哲学要与时俱进。任何哲学都是属于某个时代的，它产生于又服务于某个时代，不会永恒存在，永远地发挥作用。强调哲学适用于一切时代，这是对哲学本身的侮辱。真正的哲学总是发展的，总是与时代不断接轨，不断完善自身，它是开放的，欢迎新时代的新精神、新理念融入其中，它绝不封闭，而是善于兼容并蓄，善于海纳百川，以不断壮大自身的力量。

哲学如同宗教一样都是一种社会意识形态，都在特定的社会形态下出现，都有其产生的经济社会根源。随着它所依赖的社会背景的变化，它本身也就会失去现实性而消失。这种消失不值得伤感，因为哲学本身是一种“应然”的东西，反映的是“实然”的不足，是人类社会还存在缺陷和弊端，它消失于未来，恰恰说明未来之美好。

所以，真正的哲学也不应该害怕消失，它应该更喜欢让人说它已经“落伍”了，已经“过时”了，因为，这正说明它已经转化为现实，它已经改变了世界。世界的发展也许就是哲学滋生，转化为现实，产生新的哲学，又转化为现实，循环往复，螺旋式上升的过程，哲学在其中不断地终结，又不断地重装归来，以新的面目发挥作用。

我们应该去想象没有哲学的时代！想象这个时代，就是想象一种最美好的社会。只要我们相信，人类社会正在一步步走向美好，可能有时候走得慢，有时候走了弯路，走了回头路，但总体的进程还在往前走，我们就应该相信一个美好的社会在等待着我们。

读前人书，鉴今天事。我们需要汲取马克思的智慧，在这个时代建构真正的哲学，属于这个时代的精神的精华，引领中国社会不断走向进步，走向辉煌。

附录　《〈黑格尔法哲学批判〉导言》

就德国来说，对宗教的批判基本上已经结束；而对宗教的批判是其他一切批判的前提。

谬误在天国为神祇所作的雄辩［oratio pro aris et focis］一经驳倒，它在人间的存在就声誉扫地了。一个人，如果曾在天国的幻想现实性中寻找超人，而找到的只是他自身的反映，他就再也不想在他正在寻找和应当寻找自己的真正现实性的地方，只去寻找他自身的假象，只去寻找非人了。

反宗教的批判的根据是：人创造了宗教，而不是宗教创造人。就是说，宗教是还没有获得自身或已经再度丧失自身的人的自我意识和自我感觉。但是，人不是抽象的蛰居于世界之外的存在物。人就是人的世界，就是国家，社会。这个国家、这个社会产生了宗教，一种颠倒的世界意识，因为它们就是颠倒的世界。宗教是这个世界的总理论，是它的包罗万象的纲要，它的具有通俗形式的逻辑，它的唯灵论的荣誉问题［Point－d'honneur］，它的狂热，它的道德约束，它的庄严补充，它借以求得慰藉和辩护的总根据。宗教是人的本质在幻想中的实现，因为人的本质不具有真正的现实性。因此，反宗教的斗争间接地就是反对以宗教为精神抚慰的那个世界的斗争。

宗教里的苦难既是现实的苦难的表现，又是对这种现实的苦难的抗议。宗教是被压迫生灵的叹息，是无情世界的情感，正像它是无精神活力的制度的精神一样。宗教是人民的鸦片。

废除作为人民的虚幻幸福的宗教，就是要求人民的现实幸福。要求抛弃关于人民处境的幻觉，就是要求抛弃那需要幻觉的处境。因此，对宗教的批判就是对苦难尘世——宗教是它的神圣光环——的批判的胚芽。

这种批判撕碎锁链上那些虚幻的花朵，不是要人依旧戴上没有幻想没有慰藉的锁链，而是要人扔掉它，采摘新鲜的花朵。对宗教的批判使人不抱幻想，使人能够作为不抱幻想而具有理智的人来思考，来行动，来建立自己的现实；使他能够围绕着自身和自己现实的太阳转动。宗教只是虚幻的太阳，当人没有围绕自身转动的时候，它总是围绕着人转动。

因此，真理的彼岸世界消逝以后，历史的任务就是确立此岸世界的真理。人的自我异化的神圣形象被揭穿以后，揭露具有非神圣形象的自我异化，就成了为历史服务的哲学的迫切任务。于是，对天国的批判变成对尘世的批判，对宗教的批判变成对法的批判，对神学的批判变成对政治的批判。

随导言之后将要作的探讨——这是为这项工作尽的一份力——首先不是联系原本，而是联系副本即联系德国的国家哲学和法哲学来进行的。其所以如此，正是因为这一探讨是联系德国进行的。

如果想从德国的现状［status quo］本身出发，即使采取唯一适当的方式，就是说采取否定的方式，结果依然是时代错乱。即使对我国当代政治状况的否定，也已经是现代各国的历史废旧物品堆藏室中布满灰尘的史实。即使我否定了敷粉的发辫，我还是要同没有敷粉的发辫打交道。即使我否定了 1843 年的德国制度，但是按照法国的纪年，我也不会处在 1789 年，更不会是处在当代的焦点。

不错，德国历史自夸有过一个运动，在历史的长空中，没有一个国家曾经是这个运动的先行者，将来也不会是这个运动的模仿者。我们没有同现代各国一起经历革命，却同它们一起经历复辟。我们经历了复辟，首先是因为其他国家敢于进行革命，其次是因为其他国家受到反革命的危害；在第一种情形下，是因为我们的统治者们害怕了，在第二种情形下，是因为我们的统治者们并没有害怕。我们，在我们的那些牧羊人带领下，总是只有一次与自由为伍，那就是在自由被埋葬的那一天。

有个学派以昨天的卑鄙行为来说明今天的卑鄙行为是合法的，有个学派把农奴反抗鞭子——只要鞭子是陈旧的、祖传的、历史的鞭子——的每一声呐喊都宣布为叛乱；正像以色列人的上帝对他的奴仆摩西一样，历史对这一学派也只是显示了自己的后背［a posteriori］，因此，这个历史法学派本身如果不是德国历史的杜撰，那就是它杜撰了德国历史。这个夏洛克，却是奴才夏洛克，他发誓要凭他所持的借据，即历史的借据、基督教日耳曼的借据来索取从人民胸口割下的每一磅肉。

相反，那些好心的狂热者，那些具有德意志狂的血统并有自由思想的人，却到我们史前的条顿原始森林去寻找我们的自由历史。但是，如果我们的自由历史只能到森林中去找，那么我们的自由历史和野猪的自由历史又有什么区别呢？况且谁都知道，在森林中叫唤什么，森林就发出什么回声。还是让条顿原始森林保持宁静吧！

向德国制度开火！一定要开火！这种制度虽然低于历史水平，低于任何批判，但依然是批判的对象，正像一个低于做人的水平的罪犯，依然是刽子手的对象一样。在同这种制度进行的斗争中，批判不是头脑的激情，它是激情的头脑。它不是解剖刀，它是武器。

相反，现代德国制度是时代错乱，它公然违反普遍承认的公理，它向全世界展示旧制度毫不中用；它只是想象自己有自信，并且要求世界也这样想象。如果它真的相信自己的本质，难道它还会用一个异己本质的假象来掩盖自己的本质，并且求助于伪善和诡辩吗？现代的旧制度不过是真正主角已经死去的那种世界制度的丑角。历史是认真的，经过许多阶段才把陈旧的形态送进坟墓。世界历史形态的最后一个阶段是它的喜剧。在埃斯库罗斯的《被缚的普罗米修斯》中已经悲剧性地因伤致死的希腊诸神，还要在琉善的《对话》中喜剧性地重死一次。为什么会出现这样的历史进程呢？这是为了人类能够愉快地同自己的过去诀别。我们现在为德国政治力量争取的也正是这样一个愉快的历史结局。

可是，一旦现代的政治社会现实本身受到批判，即批判一旦提高到真正的人的问题，批判就超出了德国现状，不然的话，批判就会认为自己的对象所处的水平低于这个对象的实际水平。下面就是一个例子！工业以至于整个财富领域对政治领域的关系，是现代主要问题之一。这个问题开始是以何种形式引起德国人的关注的呢？以保护关税、禁止性关税制度、国民经济学的形式。德意志狂从人转到物质，因此，我们的棉花骑士和钢铁英雄也就在某个早晨一变而成爱国志士了。所以在德国，人们是通过给垄断以对外的统治权，开始承认垄断有对内的统治权的。可见，在法国和英国行将完结的事物，在德国现在才刚刚开始。这些国家在理论上激烈反对的、然而却又像戴着锁链一样不得不忍受的陈旧腐朽的制度，在德国却被当做美好未来的初升朝霞而受到欢迎，这个美好的未来好不容易才敢于从狡猾的理论向最无情的实践过渡。在法国和英国，问题是政治经济学，或社会对财富的统治；在德国，问题却是国民经济学，或私有财产对国民的统治。因此，在法国和英国是要消灭已经发展到终极的垄断；在德国却要把垄断发展到终极。那里，正涉及解决问题；这里，才涉及冲突。这个例子充分说明了德国式的现代问题，说明我们的历史就像一个不谙操练的新兵一样，到现在为止只承担着一项任务，那就是补习操练陈旧的历史。

因此，假如德国的整个发展没有超出德国的政治发展，那么德国人对当代问题的参与程度顶多也只能像俄国人一样。但是，既然单个人不受国界的限制，那么整个国家就不会因为个人获得解放而获得解放。希腊哲学家中间有一个是西徐亚人，但西徐亚人并没有因此而向希腊文化迈进一步。

我们德国人幸而不是西徐亚人。

正像古代各民族是在想象中、在神话中经历了自己的史前时期一样，我们德国人在思想中、在哲学中经历了自己的未来的历史。我们是当代的哲学同时代人，而不是当代的历史同时代人。德国的哲学是德国历史在观念上的延续。因此，当我们不去批判我们现实历史的未完成的著作［œuvres incomplètes］，而来批判我们观念历史的遗著［œuvres posthumes］——哲学的时候，我们的批判恰恰接触到了当代所谓的问题之所在［that is the question］的那些问题的中心。在先进国家，是同现代国家制度实际分裂，在甚至不存在这种制度的德国，却首先是同这种制度的哲学反映批判地分裂。

德国的法哲学和国家哲学是唯一与正式的当代现实保持在同等水平上［al pari］的德国历史。因此，德国人民必须把自己这种梦想的历史一并归入自己的现存制度，不仅批判这种现存制度，而且同时还要批判这种制度的抽象继续。他们的未来既不能局限于对他们现实的国家和法的制度的直接否定，也不能局限于他们观念上的国家和法的制度的直接实现，因为他们观念上的制度就具有对他们现实的制度的直接否定，而他们观念上的制度的直接实现，他们在观察邻近各国的生活的时候几乎已经经历过了。因此，德国的实践政治派要求对哲学的否定是正当的。该派的错误不在于提出了这个要求，而在于停留于这个要求——没有认真实现它，也不可能实现它。该派以为，只要背对着哲学，并且扭过头去对哲学嘟囔几句陈腐的气话，对哲学的否定就实现了。该派眼界的狭隘性就表现在没有把哲学归入德国的现实范围，或者甚至以为哲学低于德国的实践和为实践服务的理论。你们要求人们必须从现实的生活胚芽出发，可是你们忘记了德国人民现实的生活胚芽一向都只是在他们的脑壳里萌生的。一句话，你们不使哲学成为现实，就不能够消灭哲学。

起源于哲学的理论政治派犯了同样的错误，只不过错误的因素是相反的。

该派认为目前的斗争只是哲学同德国世界的批判性斗争，它没有想到迄今为止的哲学本身就属于这个世界，而且是这个世界的补充，虽然只是观念的补充。该派对敌手采取批判的态度，对自己本身却采取非批判的态度，因为它从哲学的前提出发，要么停留于哲学提供的结论，要么就把从别处得来的要求和结论冒充为哲学的直接要求和结论，尽管这些要求和结论——假定是正确的——相反地只有借助于对迄今为止的哲学的否定、对作为哲学的哲学的否定，才能得到。关于这一派，我们留待以后作更详细的叙述。该派的根本缺陷可以归结如下：它以为，不消灭哲学，就能够使哲学成为现实。

德国的国家哲学和法哲学在黑格尔的著作中得到

了最系统、最丰富和最终的表述；对这种哲学的批判既是对现代国家以及同它相联系的现实所作的批判性分析，又是对迄今为止的德国政治意识和法意识的整个形式的坚决否定，而这种意识的最主要、最普遍、上升为科学的表现正是思辨的法哲学本身。如果思辨的法哲学，这种关于现代国家——它的现实仍是彼岸世界，虽然这个彼岸世界也只在莱茵河彼岸——的抽象而不切实际的思维，只是在德国才有可能产生，那么反过来说，德国人那种置现实的人于不顾的关于现代国家的思想形象之所以可能产生，也只是因为现代国家本身置现实的人于不顾，或者只凭虚构的方式满足整个的人。德国人在政治上思考其他国家做过的事情。德国是这些国家的理论良心。它的思维的抽象和自大总是同它的现实的片面和低下保持同步。因此，如果德国国家制度的现状表现了旧制度的完成，即表现了现代国家机体中这个肉中刺的完成，那么德国的国家学说的现状就表现了现代国家的未完成，表现了现代国家的机体本身的缺陷。

对思辨的法哲学的批判既然是对德国迄今为止政治意识形式的坚决反抗，它就不会专注于自身，而会专注于课题，这种课题只有一个解决办法：实践。

试问：德国能不能实现有原则高度的［à la hauteur des principes］实践，即实现一个不但能把德国提高到现代各国的正式水准，而且提高到这些国家最近的将来要达到的人的高度的革命呢？

批判的武器当然不能代替武器的批判，物质力量只能用物质力量来摧毁；但是理论一经掌握群众，也会变成物质力量。理论只要说服人［ad hominem］，就能掌握群众；而理论只要彻底，就能说服人［ad hominem］。所谓彻底，就是抓住事物的根本。而人的根本就是人本身。德国理论的彻底性的明证，亦即它的实践能力的明证，就在于德国理论是从坚决积极废除宗教出发的。对宗教的批判最后归结为人是人的最高本质这样一个学说，从而也归结为这样的绝对命令：必须推翻使人成为被侮辱、被奴役、被遗弃和被蔑视的东西的一切关系，一个法国人对草拟中的养犬税发出的呼声，再恰当不过地刻画了这种关系，他说："可怜的狗啊！人家要把你们当人看哪！"

即使从历史的观点来看，理论的解放对德国也有特殊的实践意义。德国的革命的过去就是理论性的，这就是宗教改革。正像当时的革命是从僧侣的头脑开始一样，现在的革命则从哲学家的头脑开始。

的确，路德战胜了虔信造成的奴役制，是因为他用信念造成的奴役制代替了它。他破除了对权威的信仰，是因为他恢复了信仰的权威。他把僧侣变成了世俗人，是因为他把世俗人变成了僧侣。他把人从外在的宗教笃诚解放出来，是因为他把宗教笃诚变成了人的内在世界。他把肉体从锁链中解放出来，是因为他给人的心灵套上了锁链。

但是，新教即使没有正确解决问题，毕竟正确地提出了问题。现在问题已经不再是世俗人同世俗人以外的僧侣进行斗争，而是同他自己内心的僧侣进行斗争，同他自己的僧侣本性进行斗争。如果说新教把德国世俗人转变为僧侣，就是解放了世俗教皇即王公，以及他们的同伙即特权者和庸人，那么哲学把受僧侣精神影响的德国人转变为人，就是解放人民。但是，正像解放不应停留于王公的解放，财产的收归俗用也不应停留于剥夺教会财产，而这种剥夺是由伪善的普鲁士最先实行的。当时，农民战争，这个德国历史上最彻底的事件，因碰到神学而失败了。今天，神学本身遭到失败，德国历史上最不自由的实际状况——我们的现状——也会因碰到哲学而土崩瓦解。宗教改革之前，官方德国是罗马最忠顺的奴仆。而在德国发生革命之前，它则是小于罗马的普鲁士和奥地利的忠顺奴仆，是土容克和庸人的忠顺奴仆。

可是，彻底的德国革命看来面临着一个重大的困难。

就是说，革命需要被动因素，需要物质基础。理论在一个国家实现的程度，总是取决于理论满足这个国家的需要的程度。但是，德国思想的要求和德国现实对这些要求的回答之间有惊人的不一致，与此相应，市民社会和国家之间以及和市民社会本身之间是否会有同样的不一致呢？理论需要是否会直接成为实践需要呢？光是思想力求成为现实是不够的，现实本身应当力求趋向思想。

但是，德国不是和现代各国在同一个时候登上政治解放的中间阶梯的。甚至它在理论上已经超越的阶梯，它在实践上却还没有达到。它怎么能够一个筋斗［salto mortale］就不仅越过自己本身的障碍，而且同时越过现代各国面临的障碍呢？现代各国面临的障碍，对德国来说实际上应该看做摆脱自己实际障碍的一种解放，而且应该作为目标来争取。彻底的革命只能是彻底需要的革命，而这些彻底需要所应有的前提和基础，看来恰好都不具备。

但是，如果说德国只是用抽象的思维活动伴随现代各国的发展，而没有积极参加这种发展的实际斗争，那么从另一方面看，它分担了这一发展的痛苦，而没有分享这一发展的欢乐和局部的满足。一方面的抽象痛苦同另一方面的抽象活动相适应。因此，有朝一日，德国会在还没有处于欧洲解放的水平以前就处于欧洲瓦解的水平。德国可以比做染上基督教病症而日渐衰弱的偶像崇拜者。

如果我们先看一下德国各邦政府，那么我们就会看到，这些政府由于现代各种关系，由于德国的形势，由于德国教育的立足点，最后，由于自己本身的良好本能，不得不把现代政治领域（它的长处我们不具备）的文明缺陷同旧制度（这种制度我们完整地保存着）的野蛮缺陷结合在一起。因此，德国就得越来越多地分担那些超出它的现状之上的国家制度的某些方面，即使不是合理的方面，至少也是不合理的方面。例如，世界上有没有一个国家，像所谓立宪德国这样，天真地分享了立宪国家制度的一切幻想，而未分享它的现实呢？而德国政府突发奇想，要把书报检查制度的折磨和以新闻出版自由为前提的法国九月法令的折磨结合在一起，岂不是在所难免！正像在罗马的万神庙可以看到一切民族的神一样，在德意志神圣罗马帝国可以看到一切国家形式的罪恶。这种折中主义将达到迄今没有料到的高度，而一位德国国王在政治上、审美上的贪欲将为此提供特别的保证，这个国王想扮演王权的一切角色——封建的和官僚的，专制的和立宪的，独裁的和民主的；他想，这样做如果不是以人民的名义，便是以他本人的名义，如果不是为了人民，便是为他自己本身。德国这个形成一种特殊领域的当代政治的缺陷，如果不摧毁当代政治的普遍障碍，就不可能摧毁德国特有的障碍。

对德国来说，彻底的革命、普遍的人的解放，不是乌托邦式的梦想，相反，局部的纯政治的革命，毫不触犯大厦支柱的革命，才是乌托邦式的梦想。局部的纯政治的革命的基础是什么呢？就是市民社会的一部分解放自己，取得普遍统治，就是一定的阶级从自己的特殊地位出发，从事社会的普遍解放。只有在这样的前提下，即整个社会都处于这个阶级的地位，也就是说，例如既有钱又有文化知识，或者可以随意获得它们，这个阶级才能解放整个社会。

在市民社会，任何一个阶级要能够扮演这个角色，就必须在自身和群众中激起瞬间的狂热。在这瞬间，这个阶级与整个社会亲如兄弟，汇合起来，与整个社会混为一体并且被看做和被认为是社会的总代表；在这瞬间，这个阶级的要求和权利真正成了社会本身的权利和要求，它真正是社会的头脑和社会的心脏。只有为了社会的普遍权利，特殊阶级才能要求普遍统治。要夺取这种解放者的地位，从而在政治上利用一切社会领域来为自己的领域服务，光凭革命精力和精神上的自信是不够的。要使人民革命同市民社会特殊阶级的解放完全一致，要使一个等级被承认为整个社会的等级，社会的一切缺陷就必定相反地集中于另一个阶级，一定的等级就必定成为引起普遍不满的等级，成为普遍障碍的体现；一种特殊的社会领域就必定被看做是整个社会中昭彰的罪恶，因此，从这个领域解放出来就表现为普遍的自我解放。要使一个等级真正［par excellence］成为解放者等级，另一个等级就必定相反地成为公开的奴役者等级。法国贵族和法国僧侣的消极普遍意义决定了同他们最接近却又截然对立的阶级即资产阶级的积极普遍意义。

但是，在德国，任何一个特殊阶级所缺乏的不仅是能标明自己是社会消极代表的那种坚毅、尖锐、胆识、无情。同样，任何一个等级也还缺乏和人民魂魄相同的，哪怕是瞬间相同的那种开阔胸怀，缺乏鼓舞物质力量去实行政治暴力的天赋，缺乏革命的大无畏精神，对敌人振振有辞地宣称：我没有任何地位，但我必须成为一切。德国的道德和忠诚——不仅是个别人的而且也是各个阶级的道德和忠诚——的基础，反而是有节制的利己主义；这种利己主义表现出自己的狭隘性，并用这种狭隘性来束缚自己。因此，德国社会各个领域之间的关系就不是戏剧性的，而是叙事式的。每个领域不是在受到压力的时候，而是当现代各种关系在没有得到它的支持的情况下确立了一种社会基础，而且它又能够对这种基础施加压力的时候，它才开始意识到自己，才开始带着自己的特殊要求同其他各种社会领域靠拢在一起。就连德国中等阶级道德上的自信也只以自己是其他一切阶级的平庸习性的总代表这种意识为依据。因此，不仅德国国王们登基不逢其时［mal－à－propos］，而且市民社会每个领域也是未等庆祝胜利，就遭到了失败，未等克服面前的障碍，就有了自己的障碍，未等表现出自己的宽宏大度的本质，就表现了自己心胸狭隘的本质，以致连扮演一个重要角色的机遇，也是未等它到手往往就失之交臂，以致一个阶级刚刚开始同高于自己的阶级进行斗争，就卷入了同低于自己的阶级的斗争。因此，当诸侯同君王斗争，官僚同贵族斗争，资产者同所有这些人斗争的时候，无产者已经开始了反对资产者的斗争。中等阶级还不敢按自己的观点来表达解放的思想，而社会形势的发展以及政治理论的进步已经说明这种观点本身陈旧过时了，或者至少是成问题了。

在法国，一个人只要有一点地位，就足以使他希望成为一切。在德国，一个人如果不想放弃一切，就必须没有任何地位。在法国，部分解放是普遍解放的基础。在德国，普遍解放是任何部分解放的必要条件［conditio sine qua non］。在法国，全部自由必须由逐步解放的现实性产生；而在德国，却必须由这种逐步解放的不可能性产生。在法国，人民中的每个阶级都是政治上的理想主义者，它首先并不感到自己是个特殊阶级，而感到自己是整个社会需要的代表。因此，解放者的角色在戏剧性的运动中依次由法国人民的各个不同阶级担任，直到最后由这样一个阶级担任，这个阶级在实现社会自由时，已不再以在人之外的但仍然由人类社会造成的一定条件为前提，而是从社会自由这一前提出发，创造人类存在的一切条件。在德国则相反，这里实际生活缺乏精神活力，精神生活也无实际内容，市民社会任何一个阶级，如果不是由于自己的直接地位、由于物质需要、由于自己的锁链本身的强迫，是不会有普遍解放的需要和能力的。

那么，德国解放的实际可能性到底在哪里呢？

答：就在于形成一个被戴上彻底的锁链的阶级，一个并非市民社会阶级的市民社会阶级，形成一个表明一切等级解体的等级，形成一个由于自己遭受普遍苦难而具有普遍性质的领域，这个领域不要求享有任何特殊的权利，因为威胁着这个领域的不是特殊的不公正，而是普遍的不公正，它不能再求助于历史的权利，而只能求助于人的权利，它不是同德国国家制度的后果处于片面的对立，而是同这种制度的前提处于全面的对立，最后，在于形成一个若不从其他一切社会领域解放出来从而解放其他一切社会领域就不能解放自己的领域，总之，形成这样一个领域，它表明人的完全丧失，并因而只有通过人的完全回复才能回复自己本身。社会解体的这个结果，就是无产阶级这个特殊等级。

德国无产阶级只是通过兴起的工业运动才开始形成；因为组成无产阶级的不是自然形成的而是人为造成的贫民，不是在社会的重担下机械地压出来的而是由于社会的急剧解体、特别是由于中间等级的解体而产生的群众，虽然不言而喻，自然形成的贫民和基督教日耳曼的农奴也正在逐渐跨入无产阶级的行列。

无产阶级宣告迄今为止的世界制度的解体，只不过是揭示自己本身的存在的秘密，因为它就是这个世界制度的实际解体。无产阶级要求否定私有财产，只不过是把社会已经提升为无产阶级的原则的东西，把未经无产阶级的协助就已作为社会的否定结果而体现在它身上的东西提升为社会的原则。这样一来，无产者对正在生成的世界所享有的权利就同德国国王对已经生成的世界所享有的权利一样了。德国国王把人民称为自己的人民，正像他把马叫作自己的马一样。国王宣布人民是他的私有财产，只不过表明私有者就是国王。

哲学把无产阶级当做自己的物质武器，同样，无产阶级也把哲学当做自己的精神武器；思想的闪电一旦彻底击中这块素朴的人民园地，德国人就会解放成为人。

我们可以作出如下的结论：

德国唯一实际可能的解放是以宣布人是人的最高

本质这个理论为立足点的解放。在德国，只有同时从对中世纪的部分胜利解放出来，才能从中世纪得到解放。在德国，不摧毁一切奴役制，任何一种奴役制都不可能被摧毁。彻底的德国不从根本上进行革命，就不可能完成革命。德国人的解放就是人的解放。这个解放的头脑是哲学，它的心脏是无产阶级。哲学不消灭无产阶级，就不能成为现实；无产阶级不把哲学变成现实，就不可能消灭自身。

一切内在条件一旦成熟，德国的复活日就会由高卢雄鸡的高鸣来宣布。

——摘自《马克思恩格斯选集》第1卷，人民出版社2012年版，第1—16页。

后 记

初读马克思的《导言》，就被它的充满战斗性的话语、被它频频出现的名言所吸引。本来以为它应该是相对容易理解的篇目，没承想多读几遍之后，发现解读它的难度远远超过了我的想象。

《导言》更像是一个提纲，其中很多观点是对黑格尔、费尔巴哈等人思想的精辟总结，也有很多观点在他之后的著作中才得以展开，导致这篇文章虽短小但意蕴丰富。当然也正因为如此，它更为简洁，论述更为有力，语言更为犀利。

我把《导言》理解为马克思的哲学宣言，他是要告诉全世界他的雄心壮志，他要高呼，他已经在哲学史上也已经在人类历史上出场了，他已经开始了不仅解释世界还要改变世界的历程。

写这篇小文时的马克思，已经让我们看到了一个天才人物的特质：少年老成，才华横溢，思想厚重，见解独特，激情四射，文采飞扬。《导言》所展示的志向、胸怀、格局、视野、境界，足以让那些不理解马克思甚至还侮辱马克思哲学的人感到羞愧。

陈培永

2015 年 9 月于北京西长安街 5 号

2022 年 8 月修订于北京大学燕北园